우리말

법화경 사경

상

수담秀潭 **인해**仁海

통도사에서 요산 지안 큰스님을 은사로 득도
해인사 강원, 조계종립 승가대학원 졸업
국사편찬위원회 사료 과정, 동국대학교 석·박사(철학박사)
가야불교연구소 소장, (사)가야문화진흥원 초대 이사장 역임
(현) 통도사 김해포교당 바라밀선원 주지
(현) 영축총림 통도사 승가대학 강주

저서 달마대사의 『소실육문』 외 논문 다수
제31회 대한불교조계종 포교대상 원력상 수상

바른 독송

수담 인해 옮김 ……… 제1 서품 ~ 제7 화성유품

우리말 법화경 사경

참된 법화행자로 보살도를 닦아가기를

한 분의 부처님이 세상에 출현하시면 많은 이들이 깨달음을 얻고, 한 권의 참다운 불서를 많은 이들에게 전하면 온 세상이 불국토를 이룰 것입니다.

부처님 법을 전하겠다는 원력 하나로 산중에서의 안녕安寧을 뒤로하고 도심으로 내려온 후, 상가 건물 2층에 포교원을 개원하여 바라밀선원의 불사라는 큰 원력을 이루기 위해 천일 관음기도와 법화경 강의를 시작했습니다. 이후 세 번의 천일 관음기도와 법화경 천일 독송기도를 진행하면서 바라밀선원의 불사를 원만히 이룰 수 있었습니다. 이는 함께 기도한 280명의 법화행자들의 간절한 기도 덕분이라 생각합니다.

이번 법화경 번역서를 발간하게 된 인연은 그동안 여러 종류의 번역서를 대조하며 강의를 하던 중, 구마라즙 한역본을 중심으로 하되 최대한 원문에 가까운 번역서가 필요하다고 느꼈기 때문입니다. 법화경 독송을 시작하면서 기존 번역서들이 원문과 조금씩 다르다는 것을 알게 되었고, 이에 제대로 번역해 보고자 하는 뜻을 세우게 되었습니다. 그래서 기존 법화경 번역서들을 대조하고 비교 분석해 보니, 가감加減하여 의역한 부분이 많이 있음을 발견했습니다.

이에 최대한 원문의 한 자 한 자의 뜻만을 실어내도록 번역한 〈바른 독송 우리말 법화경〉을 펴내게 되었고, 다만, 독송의 편의를 위해 중송重頌으로 반복되는 부분은 넣지 않았습니다. 독송집 출간 후 많은 관심을 받게 되면서 독송과 함께 사경을 원하는 불자님들의 요청에 의해 이번에 사경집을 발간하게 되었습니다.

 세월이 무상하다 하지만 준비하지 않으면 내일이 없고, 시대가 어렵다 하지만 원력의 뜻을 품으면 이루지 못할 것이 없습니다. 금생에 법화경을 만난 인연을 이생에 가장 큰 행운으로 여기시어 전륜성왕의 계주繫珠를 받아지니듯 수受·지持·독송讀誦·해설解說·서사書寫하는 참된 법화행자로서 살아가시길 바랍니다.

〈우리말 법화경〉 독송집과 사경집이 나오기까지 애써주신 사유수출판사에 감사의 인사를 전합니다.
〈법화경〉 인연공덕을 지으신 모든 분들이 부처님의 혜명을 잇고 세세생생 보살도를 닦기를 간절히 바랍니다. 나무관세음보살.

2024년 7월 1일

통도사 패엽실에서 수담 인해

법화경 사구게

諸法從本來　常自寂滅相
제법종본래　상자적멸상

佛子行道已　來世得作佛
불자행도이　내세득작불

모든 법은 본래부터 항상 스스로 적멸의 모습이니
불자들이 이런 도를 수행하면 오는 세상에 성불하리라.

사경의 공덕

첫째 : 부처님의 가르침을 바르게 이해하게 된다.

둘째 : 심한 번민과 갈등이 가라앉고 편안한 마음을 회복한다.

셋째 : 어리석고 어둡던 마음이 밝아지고 총명해진다.

넷째 : 오랜 병고가 사라지고 심신이 강건해진다.

다섯째 : 숙세의 업장이 소멸되고 마음은 무한한 환희심으로 충만된다.

여섯째 : 원하는 소원이 이루어지고 한량없는 불보살님의 가피를 입는다.

일곱째 : 인내력과 정진력이 뛰어나 어려운 일도 원만히 성취하게 된다.

사경의 의의

사경寫經이란 불교경전을 옮겨 쓰거나 베껴 쓰는 일을 말한다. 불경佛經은 불교에서 불佛·법法·승僧 삼보三寶 가운데 가장 중심이 되는 법보로서 법신 사리이다. 이처럼 불경은 불상이나 탑 이상의 신앙적인 의미를 지니고 있으므로 사경에는 불상이나 탑의 조성 못지않은 정성이 따라야 한다.

사경의 '사寫'란 옮김의 뜻으로 부처님의 마음과 가르침을 우리의 몸과 마음에 가득 채우는 성스러운 행위이다. 불경의 문자文字, 진언眞言 등은 단순한 문자가 아니라 우리의 본성本性이며 부처님 마음의 표현이다. 사경은 부처님의 마음과 말씀을 옮기는 행위로서 한 글자 한 글자에 한 부처님이 함께하신다고 해서 오래전부터 불자들은 한 자 쓰고 삼배 올리는 정성으로 필사筆寫했다.

『법화경』에서는 불경을 진신사리로 설하고 있으며 불상이나 불탑과 마찬가지로 예배의 대상이다. 그러므로 사경은 부처님 사리를 대하는 자세로 필사하는 신앙행위이다. 정성스러운 마음으로 사경하는 일은 부처님의 마음을 가장 깊이 체험할 수 있는 기도이며 수행이다.

고요한 분위기에서 조용히 정좌하고 호흡을 가다듬어 정신을 통일한 후 무아無我의 심경으로 행하는 사경은 중생의 미혹과 번뇌의 마음을 벗어나 청정한 심신心身이 되어 부처님의 마음과 통하게 된다. 자기의 마음이 부처님의 마음과 하나로 통하게 되고, 그때 몸과 마음이 안락과 청량을 느끼면서 모든 생명에게 자비심이 일어나게 된다. 그러므로 사경을 통하여 부처님의 본원력과 자기의 행원력이 하나가 될 수 있도록 간절히 정성껏 필사해야 한다.

7

사경기도 순서

1. 사경하는 장소를 정갈하게 청소한다. 환경을 정돈하는 것은 곧 마음을 정돈하는 것이기 때문에 아주 중요하다.

2. 몸과 마음을 정갈히 하고 옷도 될 수 있으면 법복이나 법복조끼를 착의한다.

3. 사경할 작은 경상을 준비하고 정좌해서 자세를 바르게 갖춘다.
(마음을 가라앉히기 위하여 잠시 입정에 든다.)

4. 절이나 불교용품점에서 좋은 향을 구해 향로에 하나 피우고 삼배를 올린다. (이때 자신의 발원을 하며 지극하게 절을 올린다.)

5. 책은 이마에 정대頂戴한 다음 책상 위에 올려놓고 '나무묘법연화경'을 3번 외운 다음에 사경을 시작한다.

6. 붓, 연필, 펜으로 쓰되 사경에 사용하는 도구는 사경 이외의 다른 용도로 사용하지 않는다.

7. 일자 일배의 사경이 좋긴 하지만 어려운 관계로 하루의 분량을 다 쓰고 나면 합장하여 소리 내어 독송한다.

8. 한 권의 사경이 끝나면 사경한 날짜와 사경한 사람의 이름을 쓰고 발원문을 작성한 후 정대頂戴하여 '나무묘법연화경'을 3번 외운다.

9. 끝으로 지극한 마음으로 삼배를 올린다.

10. 사경한 책은 정갈하게 깨끗한 곳에 둔다.

* 사경에서 가장 중요한 것은 마음 자세와 정진력이다. 글자를 잘 쓰고 못씀에 구애될 필요는 없다. 경건한 마음으로 매일 한 장이라도 쓰는 것이 중요하다.

사경 발원문

지극히 바라옵건대, 비롯함이 없는 옛적부터 한없이 신령스러워 일찍이 나지도 죽지도 않으며, 그 무어라 이름 지을 길 없고 붙잡을 수 없는 한 물건이 있으니, 이를 일러 모든 부처님의 본원이라 하였고, 본분사를 깨치신 조사들은 마음이요, 주인공이라고 하였습니다.

일찍이 마음이 있고 동시에 산하대지가 있었으며, 마음의 당체인 부처님이 출현하셨습니다. 이에 부처님의 혜명을 잇고자 서원을 세운 불제자들은 부처님의 말씀을 한 자 한 자 서사書寫하고자 합니다.

이 거룩한 사경수행의 공덕으로 심신은 청정해지고 다생겁래 지어온 업장이 소멸되어 불법을 깊이 깨달아 보리심菩提心을 발하여 일체중생을 위해 세세생생 보살도 걷기를 서원합니다.

나무묘법연화경
나무묘법연화경
나무묘법연화경

사경 시작한 날:　　　년　　　월　　　일

발원 제자 _____ 두손 모음

차례

제1 서품

　이와 같이 나는 들었습니다. 어느 날 부처님께서 마갈타국 왕사성의 기사굴산에서 큰 비구 스님 일만이천 명과 함께 계셨습니다. 그들은 모두 아라한으로서 모든 망상이 이미 다하여 번뇌가 없으며, 자신의 진정한 이익을 얻어서 모든 존재의 속박을 벗어나 마음이 자재로웠습니다.

　그분들의 이름은 아야교진여, 마하가섭, 우

루빈나가섭, 가야가섭, 나제가섭, 사리불, 대목건련, 마하가전연, 아누루타, 겁빈나, 교범바제, 이바다, 필릉가바차, 박구라, 마하구치라, 난타, 손타라난타, 부루나미다라니자, 수보리, 아난, 라후라 등 이와 같이 사람들에게 잘 알려진 큰 아라한들이었습니다.

또 배우는 이와 다 배운 이들 이천 명이 있었고, 마하파사파제 비구니는 그의 권속 육천 명과 함께 있었으며, 라후라의 어머니인 야수다라 비구니도 그의 권속들과 함께 있었습니다.

그리고 팔만 명의 보살마하살들은 모두 아뇩다라삼먁삼보리에서 물러나지 아니하여 모두 다라니와 설법 잘하는 변재를 얻어 불퇴전의 법륜을 굴리며 한량없는 백천의 부처님들께 공양 올렸습니다.

모든 부처님의 처소에서 온갖 덕의 근본을 심어서 항상 부처님들의 칭찬을 받았으며, 자비로 몸을 닦아 부처님의 지혜에 잘 들었으며, 큰 지혜를 통달하여 열반의 언덕에 이르러 그 명성이 한량없는 세계에 널리 퍼져 무수한 백천만 억을 제도하시었습니다.

그 보살들의 이름은 문수보살과 관세음보살, 득대세보살, 상정진보살, 불휴식보살, 보장보살, 약왕보살, 용시보살, 보월보살, 월광보살, 만월보살, 대력보살, 무량력보살, 월삼계보살, 발타바라보살, 미륵보살, 보적보살, 도사보살이었으며 이와 같은 보살마하살 팔만 명이 함께 있었습니다.

그때에 석제환인은 그의 권속 이만 천자와 함께 있었으며, 또 명월천자, 보향천자, 보광천자와 사대천왕이 그의 권속 일만 천자와 함께 있었으며, 자재천자와 대자재천자가 그의 권속 삼만 천자와 함께 있었으며, 사바세계의 주인인 범천왕, 시기대범천왕과 광명대범천왕도 그의 권속 일만이천 천자와 함께 있었습니다.

또 여덟 용왕인 난타용왕, 발난타용왕, 사가라용왕, 화수길용왕, 덕차가용왕, 아나바달다용왕, 마나사용왕, 우발라용왕 등이 각각 백천 권속들과 함께 있었습니다.

네 긴나라왕인 법긴나라왕, 묘법긴나라왕, 대법긴나라왕, 지법긴나라왕 등이 각각 백천 권속들과 함께 있었으며, 네 건달바왕인 악건달바왕, 악음건달바왕, 미건달바왕, 미음건달바왕이 각각 백천 권속들과 함께 있었습니다.

또 네 아수라왕인 바치아수라왕, 거라건타아수라왕, 비마질다라아수라왕, 라후아수라왕이 각각 백천 권속들과 함께 있었습니다.

네 가루라왕인 대위덕가루라왕, 대신가루라왕, 대만가루라왕, 여의가루라왕이 각각 백천 권속들과 함께 있었습니다. 위제희의 아들 아사세왕도 여러 백천 권속들과 함께 각각 부처님 발에 예배하고 한쪽으로 물러나

앉았습니다.

그때에 세존께서는 사부대중에게 둘러싸여 공양과 공경과 존중과 찬탄을 받으시며, 모든 보살들을 위하여 대승경을 설하시니 이름이 무량의경이었습니다. 이는 보살을 가르치는 법이며, 부처님께서 보호하고 생각하시는 바이었습니다.

부처님께서 이 경전을 설하여 마치신 후, 결가부좌를 하시고 무량의처삼매에 드시니 몸과 마음이 흔들리지 않으셨습니다.

그때에 하늘에서는 만다라꽃, 마하만다라꽃, 만수사꽃, 마하만수사꽃이 비 오듯 내려 부처님과 여러 대중 위에 뿌려졌으며, 모든 부처님 세계는 여섯 가지로 진동하였습니다.

그때에 법회에 모여 있던 비구, 비구니, 우바새, 우바이, 천신, 용, 야차, 건달바, 아수라, 가루라, 긴나라, 마후라가, 사람과 사람 아닌 이와 작은 나라 왕과 전륜성왕 등 모든 대중이 일찍이 없었던 일이라 환희하여 합장하고 일심으로 부처님을 우러러 보았습니다.

그때에 부처님께서 미간의 백호상에서 광명을 놓아 동방으로 일만팔천 세계를 두루 비추니 아래로는 아비지옥에 이르고 위로는 아가니타천까지 이르렀으며, 이 세계에서 저 국토의 육도 중생을 모두 볼 수 있었습니다.

또 저 국토에 현재 계시는 모든 부처님을

볼 수 있었으며, 여러 부처님께서 설하시는 경전의 가르침도 들을 수 있었습니다.

아울러 그곳의 모든 비구, 비구니, 우바새, 우바이들이 온갖 행을 닦아 득도하는 것과, 많은 보살마하살들의 갖가지 인연과 갖가지 믿고 이해하는 것과, 갖가지 모습으로 보살도를 행하는 것도 볼 수 있었습니다.

또 모든 부처님께서 열반에 드시는 것과 열반에 드신 뒤에 부처님의 사리로 칠보탑을 세우는 것도 볼 수 있었습니다.

그때에 미륵보살이 이렇게 생각하였습니다.
'지금 부처님께서 신통 변화의 모습을 나타내시니, 무슨 인연으로 이러한 상서로움이 있는 것일까? 지금 부처님께서는 삼매에 드셨으니, 이것은 불가사의하고 희유한 일을 나타내는 것이다. 마땅히 누구에게 물어볼 것이며, 누가 분명히 대답해 줄 것인가?'

다시 이렇게 생각하였습니다.

'문수사리법왕자는 일찍이 과거 한량없는 부처님들을 가까이 모시고 공양해 왔었고, 반드시 이러한 희유한 일을 보았을 것이니 내가 이제 마땅히 물어보리라.'

그때에 비구, 비구니, 우바새, 우바이와 천신, 용, 귀신들도 모두 이렇게 생각하였습니다. '부처님의 광명과 신통의 일을 지금 누구에게 물어야 할 것인가?'

그때에 미륵보살이 자신의 의심도 풀고 또

사부대중인 비구, 비구니, 우바새, 우바이와 천신, 용, 귀신 등 법회 대중의 마음도 풀기 위하여 문수사리보살에게 여쭈었습니다.

"무슨 인연으로 이렇게 상서롭고 신통한 일이 있으며, 큰 광명을 놓으사 동방으로 일만팔천 국토를 비추시어 저 부처님 세계의 장엄함을 모두 볼 수 있게 하십니까?"

그때에 문수보살이 미륵보살과 모든 보살들에게 말씀하였습니다.

"선남자들이여, 내가 헤아려 생각해보니 지금 부처님께서 큰 법을 설하고자 하시며, 큰 법비를 내리시며, 큰 법의 소라를 부시고, 큰 법의 북을 치시며, 큰 법의 뜻을 연설하시려는 것 같습니다.

모든 선남자들이여, 나는 과거 여러 부처님들로부터 일찍이 이러한 상서를 보았으니, 이런 광명을 놓으시고는 큰 법문을 설하셨습니다. 그러므로 마땅히 아시오. 오늘 부처님께서 광명을 나타내시는 것도 역시 그와 같아서 중생에게 일체 세간에서 믿기 어려운 법을 듣고 알게 하시려고 이러한 상서를 나타내신 것입니다.

모든 선남자들이여, 과거 한량없고 가이없으며 불가사의한 아승지 겁 그때에 부처님이 계셨으니, 이름이 일월등명여래, 응공, 정변지, 명행족, 선서, 세간해, 무상사, 조어장부, 천인사, 불세존이었습니다. 그 부처님께서 정법을 연설하시니 처음도 훌륭하고 중간도 훌륭하고 끝도 훌륭하셨습니다. 그 뜻이 심원하고 그 말씀도 미묘하여 순수하고 잡됨이 없어서 맑고 깨끗한 범행의 모습도 갖추셨습니다.

성문을 구하는 이에게는 네 가지 성스러운 가르침을 설하여 생로병사에서 벗어나 마침내 열반에 이르게 하셨으며, 벽지불을 구하는 이에게는 십이인연법을 설하셨으며, 모든 보살들을 위해서는 육바라밀을 알맞게 설하시어 아뇩다라삼먁삼보리를 얻게 하여 일체종지를 이루게 하셨습니다.

그 다음에 또 부처님이 계셨으니 이름이

일월등명이라 하셨으며, 그 다음에도 부처님이 계셨으니 역시 이름이 일월등명이었습니다. 이와 같이 이만 부처님께서 모두 동일하게 이름이 일월등명이었으며, 성도 똑같이 파라타였습니다.

미륵보살이여, 마땅히 알아야 합니다. 처음 부처님과 뒤의 부처님이 모두 일월등명이시며 열 가지 명호가 구족하였고, 법을 설함에 있어서도 처음과 중간과 끝이 모두 훌륭하였습니다.

그 최후의 부처님께서 출가하시기 전에 여덟 왕자가 있었으니, 첫째 이름은 유의요, 둘째는 선의요, 셋째는 무량의요, 넷째는 보의요, 다섯째는 증의요, 여섯째는 제의의요, 일

곱째는 향의요, 여덟째는 법의였습니다. 이
여덟 왕자는 위엄과 덕이 자재하여 각각 사
천하를 다스렸습니다.

이 왕자들은 아버지께서 출가하시어 아뇩
다라삼먁삼보리를 얻으셨다는 소식을 듣고
는 모두 왕위를 버리고 따라서 출가하여 대
승의 뜻을 일으키고 항상 범행을 닦아 모두
법사가 되었으며, 이미 천만 부처님 처소에
서 온갖 선한 근본을 심었습니다.

그때에 일월등명불께서 대승경을 설하셨
으니 이름이 무량의경이라, 보살들을 가르치
는 법이며 부처님께서 보호하시고 생각하시
는 바이었습니다. 이 경전을 설하시고는 곧

대중 가운데서 결가부좌를 하시고 무량의처
삼매에 드시어 몸과 마음이 조금도 움직이지
않으셨습니다.

이때 하늘에서는 만다라꽃과 마하만다라
꽃과 만수사꽃과 마하만수사꽃이 비 오듯 내
려 부처님 머리 위와 모든 대중에게 흩날렸
고, 부처님의 넓은 세계는 여섯 가지로 진동
하였습니다.

그때에 법회에 모여 있던 비구, 비구니, 우
바새, 우바이, 천신, 용, 야차, 건달바, 아수
라, 가루라, 긴나라, 마후라가, 사람과 사람
아닌 이와 여러 작은 나라의 왕과 전륜성왕
등 많은 대중이 일찍이 없었던 일을 만나 환
희하여 합장하고 일심으로 부처님을 우러러

보았습니다.

그때에 여래께서 미간의 백호상으로부터 광명을 놓아 동방으로 일만팔천 세계를 비추니 두루 비치지 않은 곳이 없는 것이 마치 지금 보는 모든 부처님 세계와 같았습니다.

미륵보살이여, 마땅히 알아야 합니다. 그때에 법회에 모여 있던 이십억 보살들은 법문 듣기를 좋아하였는데, 이 보살들은 광명이 부처님 세계에 널리 비치는 것을 보고 일찍이 없던 일임을 알고 이 광명이 비치는 인연을 알고자 하였습니다.

당시 한 보살이 있었으니 이름이 묘광이라, 팔백 제자를 거느리고 있었습니다. 이때

일월등명불께서 삼매로부터 일어나 묘광보
살로 인하여 대승경을 설하시니 이름이 묘법
연화경이었습니다.

보살들을 가르치는 법이며, 부처님께서 보
호하고 생각하시는 바이었습니다. 육십 소겁
동안을 자리에서 일어나지 않으셨으며, 법회
에서 설법을 듣는 이들도 또한 한자리에 앉
아서 육십 소겁 동안 몸과 마음을 움직이지
않고 부처님의 말씀을 들었는데, 마치 밥 한
끼 먹는 시간과 같았습니다. 이때 대중 가운
데 한 사람도 몸이나 마음으로 지루하게 여
긴 이가 없었습니다.

일월등명불께서 육십 소겁 동안 묘법연화

경을 설하시고 곧 범천과 마군과 사문과 바라문과 천신과 사람과 아수라들 가운데서 이렇게 말씀하셨습니다. '여래는 오늘 밤중에 무여열반에 들것이다.'라고 말씀하셨습니다.

당시 한 보살이 있었으니 이름이 덕장이라, 일월등명불께서 곧 그에게 수기를 주시며 모든 비구들에게 말씀하셨습니다. '이 덕장보살은 다음에 반드시 성불하리니, 이름은 정신, 다타아가도, 아라하, 삼먁삼불타라 하리라.' 부처님께서는 수기를 주시고 곧 밤중에 무여열반에 드셨습니다.

부처님께서 열반에 드신 뒤에 묘광보살은 묘법연화경을 가지고 팔십 소겁이 다하도록 사람들을 위하여 연설하였습니다. 일월등명

불의 여덟 왕자들도 모두 묘광보살을 스승
으로 삼았고, 묘광보살은 그들을 교화하여
아뇩다라삼먁삼보리를 견고하게 하였습니
다. 그리하여 그 왕자들은 백천만 억 부처님
께 공양을 올리고 모두 불도를 이루었으며
그 최후에 성불한 분의 이름이 연등불이었
습니다.

묘광보살의 팔백제자 가운데 한 사람이 있
었으니 이름이 구명이라, 이익과 명리에 탐
착하여 비록 여러 경전을 읽더라도 그 뜻을
알지 못하고 잊어버리는 것이 많았으므로 구
명이라 이름하였습니다. 이 사람 또한 온갖
선근을 심은 인연으로 한량없는 백천만 억의

많은 부처님을 만나서 공양하고 공경하며 존중하고 찬탄하였습니다.

미륵보살이여, 마땅히 알아야 합니다. 그때의 묘광보살이 어찌 다른 사람이겠습니까? 바로 나 문수였으며, 구명보살은 바로 당신이었습니다. 지금 이 상서를 보니 그때와 다름이 없습니다.

그러므로 헤아려 보건대, 오늘 부처님께서는 마땅히 대승경을 설하시리니, 그 이름은 묘법연화경이라, 보살을 가르치는 법이며, 부처님께서 보호하고 생각하시는 바입니다."

제2 방편품

그때에 세존께서 삼매로부터 조용히 일어나 사리불에게 말씀하셨습니다.

"모든 부처님의 지혜는 매우 깊고 한량이 없으며, 그 지혜의 문은 이해하기도 어렵고 들어가기도 어려워서, 일체 성문이나 벽지불은 능히 알 수 없느니라.

왜냐하면 부처님은 일찍이 백천만 억의 무수한 부처님을 친근하여, 모든 부처님의 한량없는 수행법을 닦고 용맹정진하였으므로 그 이름이 널리 알려졌느니라. 또한 매우 깊고 일찍이 없던 법을 성취하였기에 마땅함을 따라 설했으니 그 뜻을 알기 어려우니라.

사리불이여, 내가 성불한 이래로 갖가지 인연과 갖가지 비유로 널리 가르침을 폈으며, 무수한 방편으로 중생을 인도하여 모든 집착을 떠나게 하였느니라. 왜냐하면 여래는 방편바라밀과 지견바라밀을 모두 갖추었기 때문이니라.

사리불이여, 여래의 지견은 매우 넓고 크고 깊고 멀어서 사무량심과 사무애와 십력과 사무소외와 선정과 해탈과 삼매에 끝없이 깊이

들어가 온갖 미증유한 법을 성취하였느니라.

사리불이여, 여래는 능히 갖가지로 분별하여 모든 법을 훌륭하게 설하시니, 말씀이 부드러워 중생의 마음을 기쁘게 하느니라.

사리불이여, 요점만 말하자면 한량없고 가없으며 미증유한 법을 부처님이 모두 성취하였느니라. 그만두어라. 사리불이여, 다시 더 말할 필요가 없느니라. 왜냐하면 부처님이 성취한 제일 희유하고 이해하기 어려운 법은 오직 깨달은 부처님들만이 능히 모든 법의 실상을 다 알기 때문이니라.

이른바 모든 법의 이러한 모양, 이러한 성품, 이러한 본체, 이러한 힘, 이러한 작용, 이러한 원인, 이러한 조건, 이러한 결과, 이러

한 과보, 이러한 시작과 끝이 궁극에는 평등
함이니라."

　그때에 대중 가운데 모든 성문들과 번뇌가
다한 아라한인 아야교진여 등 천이백 명과
성문과 벽지불의 마음을 내었던 비구, 비구
니, 우바새, 우바이들이 각각 이렇게 생각하
였습니다.

　'지금 세존께서 무슨 까닭으로 은근히 방
편을 찬탄하시며 말씀하시기를 부처님께서
깨달으신 법은 매우 깊고 이해하기 어려워
말씀하신 뜻을 알기 어려우며, 모든 성문이
나 벽지불로는 능히 미칠 수 없다고 하시는
가? 그러나 부처님께서 해탈의 뜻을 말씀하

셨고, 우리들도 역시 그 법을 얻어서 열반에 이르렀거늘, 지금 이렇게 말씀하시는 뜻을 알 수가 없구나.'

그때에 사리불은 사부대중이 의심하는 마음을 알고 자신도 분명히 알지 못하여 부처님께 여쭈었습니다.

"세존이시여, 무슨 인연으로 모든 부처님의 제일가는 방편이 매우 깊고 미묘하여 이해하기 어려운 법이라고 은근히 찬탄하십니까? 저는 예전부터 일찍이 부처님께서 이렇게 말씀하시는 것을 들어본 적이 없습니다.

지금 사부대중이 모두 다 궁금해하고 있으니 바라옵건대 세존께서는 이 일을 알기 쉽게 말씀해 주시옵소서. 세존께서 무슨 까닭으로 매우 깊고 미묘하여 이해하기 어려운 법이라고 은근히 찬탄하십니까?"

그때에 부처님께서 사리불에게 말씀하셨습니다.

"그만두어라, 그만두어라. 다시 더 말할 필요가 없느니라. 만약 이 일을 말한다면 모든 세상의 천신과 사람들이 다 놀라고 의심할 것이니라."

사리불이 거듭 부처님께 여쭈었습니다.

"세존이시여, 부디 말씀해 주시옵소서! 부디 말씀해 주시옵소서! 왜냐하면 여기 모인 무수한 백천만 억 아승지의 중생은 일찍이 많은 부처님을 친견하여 모두 근기가 영리하고 지혜가 밝아서 부처님의 말씀을 들으면 능히 공경하고 믿을 것입니다."

부처님께서 거듭 '그만두어라.' 하시며 말씀하셨습니다. "사리불이여, 만약 이 일을 말한다면 모든 세상의 천신과 사람들과 아수라들이 모두 놀라고 의심할 것이며, 교만이 높은 비구는 장차 큰 구렁텅이에 떨어질 것이니라."

그때에 사리불이 거듭 부처님께 여쭈었습니다.

"세존이시여, 부디 말씀해 주시옵소서! 부디 말씀해 주시옵소서! 지금 이 법회에 모인 저와 같은 백천만 억 대중은 세세생생 이미 부처님의 교화를 받았습니다. 이 사람들은 반드시 공경하고 믿음을 내어서 긴긴밤이 편안하며 이익되는 바가 많을 것입니다."

그때에 부처님께서 사리불에게 말씀하셨습니다.

"그대가 간곡하게 세 번이나 청하였으니, 어찌 말하지 않을 수 있겠는가. 그대는 이제 자세히 듣고 잘 생각하여라. 내가 마땅히 그대를 위해서 분별하여 해설해 주리라."

이 말씀을 하실 때에 법회에 있던 비구, 비구니, 우바새, 우바이 오천 명이 곧 자리에서 일어나 부처님께 예배하고 물러갔습니다.

왜냐하면 이 무리는 죄의 뿌리가 깊고 무거우며 교만하여 얻지 못한 것을 얻었다 하고, 깨닫지 못한 것을 깨달았다고 하는 이러한 허물이 있었기 때문에 머물러 있지 않았는데, 세존께서도 묵묵히 계시며 말리지 않으셨습니다.

그때에 부처님께서 사리불에게 말씀하셨습니다.

"지금 여기 있는 나의 대중은 가지나 잎은 없고 순전히 열매만 남아 있느니라. 사리불이여, 저와 같은 교만한 자들은 물러가도 좋으리라. 그대들은 이제 잘 들으라. 마땅히 그대들을 위해 설하리라."

사리불이 말씀하였습니다.

"예, 세존이시여. 바라옵건대 듣고자 하옵니다."

부처님께서 사리불에게 말씀하셨습니다.

　"이렇게 미묘한 법은 모든 부처님 여래께서 때가 되어야 말씀하시는 것이니, 마치 우담바라꽃이 때가 되어야 한 번 피는 것과 같느니라.

　사리불이여, 그대들은 마땅히 부처님께서 설하시는 것을 믿어야 하나니, 그 말씀은 허망하지 않느니라. 사리불이여, 모든 부처님께서 마땅한 대로 법을 설하는 그 뜻은 이해하기 어려우니라.

　왜냐하면, 내가 무수한 방편과 갖가지 인연과 비유와 말로써 많은 법을 연설하였지만, 이 법은 생각으로 헤아리거나 분별로써 이해할 수 없기 때문이니라. 오직 부처님들만이 능히 알 수 있느니라. 왜냐하면 모든 부처님 세존께서는 오직 일대사인연으로 이 세상에 출현하시기 때문이니라.

사리불이여, 무엇을 부처님 세존께서 오직 일대사인연으로 이 세상에 출현하신다고 하는가?

모든 부처님 세존께서는 중생으로 하여금 부처님의 지혜를 열어서 청정하게 하려고 세상에 출현하시며, 중생으로 하여금 부처님의 지혜를 보여주려고 세상에 출현하시며, 중생으로 하여금 부처님의 지혜를 깨닫게 하려고 세상에 출현하시며, 중생으로 하여금 부처님의 지혜의 길로 들어가게 하려고 세상에 출현하시느니라.

사리불이여, 이것을 모든 부처님께서 오직 일대사인연을 위하여 세상에 출현하시는 것이라 하느니라."

부처님께서 사리불에게 말씀하셨습니다.
"모든 부처님 여래께서는 다만 보살들을 교화하려 하시기에, 모든 하시는 것들이 항상 한가지 일을 위한 것으로, 오직 부처님의 지혜를 중생에게 보여주고 깨닫게 하기 위한 것이니라.

사리불이여, 여래께서는 오직 일불승으로 중생을 위하여 법을 설함이요, 이승이나 삼승이나 다른 승은 없느니라. 사리불이여, 모든 시방세계에 계신 여러 부처님의 법도 또한 이와 같느니라.

사리불이여, 과거의 모든 부처님께서 한량없는 무수한 방편과 갖가지 인연과 비유와 말로써 중생을 위하여 많은 법을 연설하셨으니, 이 법이 모두 일불승을 위한 것으로, 이 모든 중생이 부처님으로부터 법을 듣고는 마침내 모두 일체종지를 얻었느니라.

사리불이여, 미래의 모든 부처님께서 앞으로 세상에 출현하시며 또한 한량없는 무수한 방편과 갖가지 인연과 비유와 말로써 중생을 위하여 많은 법을 연설하시리니, 이 법도 모두 일불승을 위한 것으로, 이 모든 중생이 부처님으로부터 법을 듣고 마침내 모두 일체종지를 얻을 것이니라.

사리불이여, 현재 시방세계의 한량없는 백천만 억 불국토에 계시는 모든 부처님 세존께서도 중생을 많이 이익되게 하시고 안락하게 하시니, 이 모든 부처님께서도 또한 한량없는 무수한 방편과 인연과 비유와 말로써 중생을 위하여 많은 법을 연설하시느니라.

이 법은 모두 일불승을 위한 것으로, 이 모든 중생이 부처님으로부터 법을 듣고 마침내 모두 일체종지를 얻느니라.

사리불이여, 모든 부처님께서는 다만 보살들을 교화하여 부처님의 지혜를 중생에게 보여주려는 것이며, 부처님의 지혜를 중생으로 하여금 깨닫게 하시려는 것이며, 중생으로

하여금 부처님의 지혜에 들어가게 하려는 것이니라.

사리불이여, 나도 지금 또한 그와 같아서 모든 중생이 갖가지 욕망과 마음속 깊은 집착을 알아, 그 본성을 따라서 갖가지 인연과 비유와 말과 방편의 힘으로 법을 설하느니라. 사리불이여, 이렇게 하는 것은 모두 일불승과 일체종지를 얻게 하려는 것이니라.

사리불이여, 시방세계에는 이승도 없거늘 하물며 삼승이 있겠느냐.

사리불이여, 모든 부처님께서는 다섯 가지 흐리고 악한 세상에 출현하시니, 이른바 겁탁, 번뇌탁, 중생탁, 견탁, 명탁이니라.

사리불이여, 겁이 흐리고 어지러운 시대에

는 중생이 번뇌가 많아서 간탐하고 질투하여 온갖 좋지 못한 선근을 이루므로, 부처님께서는 방편력으로 일불승을 나누어 삼승을 설하시느니라.

사리불이여, 만일 나의 제자가 스스로 아라한이나 벽지불이라고 말하면서 모든 부처님께서는 다만 보살만을 교화하신다는 것을 듣지도 못하고 알지도 못한다면, 부처님의 제자도 아니고 아라한도 아니며 벽지불도 아니니라.

또 사리불이여, 이 비구와 비구니들이 스스로 이르기를, '이미 아라한을 얻어 최후의 몸이 되었으니 마침내 열반에 이르리라.' 하고, 다시는 아뇩다라삼먁삼보리를 구하려는 뜻이 없다면 이러한 무리는 모두 교만이 높은 자들인 줄 알아야 하느니라.

왜냐하면, 만약 어떤 비구가 진실로 아라한과를 얻었다면 이 법을 믿지 않을 수 없느니라.

다만 부처님께서 열반하신 후 부처님께서 계시지 않을 때는 제외하느니라. 왜냐하면 부처님께서 열반하신 후에는 이런 경전을 받아 지니고 읽고 외우고 뜻을 이해하는 사람을 만나기 어렵기 때문이니라. 만약 다른 부처님을 만난다면 이 법 가운데서 곧 깨달을 수 있을 것이니라.

사리불이여, 그대들은 마땅히 일심으로 믿

고 이해하여 부처님의 말씀을 받아 지닐지니라. 모든 부처님 여래의 말씀은 허망하지 않으니, 다른 승은 없고 오직 일불승만 있느니라."

제3 비유품

그때에 사리불이 뛸 듯이 기뻐하며 자리에서 일어나 합장하고 부처님의 존안을 우러러보며 말씀드렸습니다.

"지금 세존으로부터 이러한 법문을 들으니 마음이 뛸 듯이 기쁘며 일찍이 없던 일을 얻었습니다. 왜냐하면, 제가 예전에 부처님으로부터 '모든 보살들은 수기를 받아 성불하리라' 하는 이와 같은 법문을 들었으나, 저희들은 이 일에 참여하지 못하였기에 여래의 한량없는 지혜를 잃었다고 스스로 몹시 상심하였습니다.

세존이시여, 저는 항상 홀로 숲속의 나무 아래에서 앉거나 거닐면서 늘 이렇게 생각하였습니다. '우리들도 똑같이 법의 성품에 들었거늘, 어찌하여 여래께서는 소승법으로 제도하시는가?' 이것은 저희들의 허물이지 세존의 탓이 아니었습니다.

왜냐하면 만약 저희들이 부처님께서 아뇩다라삼먁삼보리를 성취하는 인연을 말씀하실 때까지 기다렸다면 반드시 대승으로써 제도하였을 것이지만, 저희들은 방편과 마땅함을 따라 말씀하신 줄을 알지 못하고 처음 불법을 듣고는 곧 믿고 받아들여 깨달음을 얻었다고 생각하였습니다.

세존이시여, 제가 예전부터 지금까지 날이 저물고 밤이 새도록 항상 스스로를 책망하였는데, 이제 부처님으로부터 듣지 못했던 미증유의 법을 듣고 모든 의심이 끊어져 몸과 마음이 태연하고 좋으며 편안하게 되었습니다. 오늘에서야 진정한 부처님의 아들이 되었으며, 부처님의 법문을 듣고 태어났으며, 법으로부터 화생하여 불법의 몫을 얻게 되었습니다."

그때에 부처님께서 사리불에게 말씀하셨습니다.

"내가 이제 천신과 사람과 사문과 바라문 등의 대중에게 말하노라. 내가 옛날 이만 억 부처님 처소에서 위없는 깨달음을 위하여 항상 그대들을 교화하였고, 그대들 또한 오랜 세월 나를 따라 배웠느니라. 내가 방편으로 그대들을 인도하였으므로 나의 법 가운데에서 태어났느니라.

사리불이여, 내가 예전에 그대에게 불도의 뜻을 세우도록 하였거늘, 그대는 지금 모두 잊어버리고 스스로 이미 열반을 얻었다고 하니, 내가 지금 그대로 하여금 본래 서원으로 행하려던 도를 다시 기억나게 하고자 성문들에게 대승경을 설하려 하노니 이름이 묘법화경이라, 보살들을 가르치는 법이며 부처님께서 보호하고 생각하시는 바이니라.

　사리불이여, 그대는 오는 세상에 한량없고 가이없으며 불가사의한 겁을 지나면서 여러 천만 억 부처님께 공양하고 정법을 받들어 지니며 보살이 닦아야 할 도를 갖추어서 반드시 성불할 것이니, 이름은 화광여래, 응공, 정변지, 명행족, 선서, 세간해, 무상사, 조어장부, 천인사, 불세존이니라.

　세계의 이름은 이구요, 그 땅은 평평하고 바르며 청정하게 꾸며져 편안하고 풍족하여 천신과 사람들이 매우 많으리라. 유리로 땅이 되고 여덟 갈래의 길이 있으며 황금줄로 길가에 경계를 치고, 그 곁에는 각각 칠보로 된 가로수가 있어서 항상 꽃과 열매가 있으

리라. 화광여래께서도 역시 삼승으로써 중생
을 교화하시리라.

사리불이여, 그 부처님께서 출현하실 때가
비록 악한 세상은 아니지만 본래의 서원으로
삼승법을 설하실 것이니라. 그 겁의 이름은
대보장엄이라 하는데, 어찌하여 대보장엄이
라 하는가 하면, 그 나라에서는 보살을 큰 보
배로 삼기 때문이니라.

그 보살들은 한량없고 가이없으며 불가사
의하고 숫자나 비유로도 능히 미칠 수 없음
이요, 부처님 지혜의 힘이 아니면 능히 알 사
람이 없느니라. 만약 다니고자 할 때면 보배
꽃이 발을 받들 것이니, 이 모든 보살들은 처

음으로 마음을 낸 것이 아니라 모두 오랫동안 덕의 근본을 심었으며 한량없는 백천만억 부처님 처소에서 깨끗이 범행을 닦아 항상 모든 부처님의 칭찬을 받았느니라.

그들은 항상 부처님의 지혜를 닦아 큰 신통력을 갖추어 일체 모든 법의 문을 잘 알며, 성품이 바르고 거짓이 없어서 뜻이 견고하니, 이러한 보살들이 그 나라에 가득하느니라.

사리불이여, 화광부처님의 수명은 이십 소겁이니, 왕자로 성불하기 전은 제외한 것이며, 그 나라 백성들의 수명은 팔 소겁이니라. 화광여래께서 십이 소겁을 지내고는 견만보살에게 아뇩다라삼먁삼보리의 수기를 주시

며 모든 비구들에게 말하기를 '이 견만보살
이 다음에 부처님이 되리니 이름은 화족안
행, 다타아가도, 아라하, 삼먁삼불타라 하며
그 부처님의 나라도 역시 이와 같으리라.'고
하실 것이니라.

　사리불이여, 이 화광부처님께서 열반하신
뒤에 정법이 세상에 머물기는 삼십이 소겁이
요, 상법이 세상에 머무는 것도 역시 삼십이
소겁이니라."

　그때에 사부대중인 비구, 비구니, 우바새,
우바이, 천신, 용, 야차, 건달바, 아수라, 가루
라, 긴나라, 마후라가 등 모든 대중은 사리불
이 부처님 앞에서 아뇩다라삼먁삼보리의 수

기를 받는 것을 보고는, 마음이 크게 기뻐서 한량없이 즐거워하며 제각각 입고 있던 웃옷을 벗어 부처님께 공양하였습니다. 석제환인과 범천왕들도 무수한 천자들과 함께 역시 하늘의 미묘한 옷과 하늘의 만다라꽃과 마하만다라꽃 등으로 부처님께 공양하니, 흩어진 하늘 옷이 허공 중에 머물며 저절로 돌고, 모든 하늘의 백천 만 가지 악기들은 허공에서 일시에 울려 퍼지며, 하늘 꽃들이 비 오듯 내리는데, 이러한 말씀이 들려왔습니다.

"부처님께서 옛날 바라나에서 처음으로 법륜을 굴리시더니, 이제 다시 위없는 가장 큰 법륜을 굴리시네."

그때에 사리불이 부처님께 말씀드렸습니다.

"세존이시여, 저는 이제 다시는 의심이 없으며, 친히 부처님 앞에서 아뇩다라삼먁삼보리의 수기를 받았습니다. 그러나 마음이 자재한 천이백 명은 옛날에 배웠던 경지에 있을 때 부처님께서 항상 교화하시기를 '나의 법은 생, 노, 병, 사를 여의고 마침내 열반에 이르리라.'고 하셨습니다.

여기 배우는 이와 다 배운 이들도 각각 스스로 '나'라는 견해와 '있다' '없다' 하는 견해를 떠나서 열반을 얻었다고 하더니, 지금 세존 앞에서 듣지 못했던 말씀을 듣고 모두 의혹에 빠졌습니다. 거룩하신 세존이시여, 원하옵건대 사부대중을 위하여 그 인연을 말씀

하시어 의심에서 벗어나게 하여 주시옵소
서."

그때에 부처님께서 사리불에게 말씀하셨
습니다.

"내가 먼저 말하지 않았던가. 모든 부처님
세존께서 여러 가지 인연과 비유와 말과 방
편으로 법을 설하는 것은 모두 아뇩다라삼먁
삼보리를 위한 것이며, 이 모든 말씀은 모두
보살을 교화하기 위한 것이니라.

그러므로 사리불이여, 지금 마땅히 다시 비
유로써 이 뜻을 한 번 더 분명히 밝히리니, 모
든 지혜 있는 사람들은 비유로써 이해할 수
있으리라.

사리불이여, 어떤 나라의 한 마을에 큰 장자가 있었는데, 매우 늙었으나 재산이 한량없이 많고, 전답과 가옥과 하인들도 많았느니라. 그 집은 매우 크고 넓었으나 문은 하나뿐이었고, 식구가 많아서 일백에서 이백, 내지 오백 명의 사람들이 그 집에서 살고 있었느니라.

집과 누각은 낡았으며, 담과 벽은 퇴락하고, 기둥은 썩고 대들보는 기울어져 위험하였는데, 갑자기 사방에서 불길이 일어나 집을 에워싸느니라. 그때에 장자의 자식 열 명, 스무 명, 내지 삼십 명이 그 집안에 있었느니라.

장자는 큰 불이 사방에서 타오르는 것을 보고 크게 놀라고 두려워하며 이렇게 생각하였느니라. '나는 비록 이 불타는 집에서 무사히 나왔지만, 자식들은 불타는 집 안에서 즐겁게 노느라 불이 난 것을 알지도 못하고, 놀라지도 않고 두려워하지도 않는구나. 불길이 몸에 닿아서 고통이 극심할지라도 싫어하거나 걱정하지 않으며 나오려는 생각도 하지 않는구나.'

사리불이여, 장자는 또 이렇게 생각하였느니라.

'나는 몸과 손에 힘이 있으니 아이들을 옷을 담는 상자나 궤짝으로 담아 들고 나오리라.' 하다가 다시 생각하기를 '이 집의 문은 하나뿐이고 또 협소한데 아이들은 어려 아는 것이 없고 놀이에만 정신이 팔려있으니 혹시 떨어지기라도 하면 불에 타게 될 것이다. 내가 마땅히 두렵고 무서운 일을 말하여 이 집이 이미 불타고 있음을 알려주어서 지금 빨리 나와 불에 타는 화를 입지 않도록 해야겠다.' 이렇게 생각하고는 아이들에게 '얘들아, 빨리 나오너라.'라고 하였느니라.

아버지는 불쌍히 여겨 좋은 말로 타이르고 달랬으나, 아이들은 장난치고 놀기만을 좋아하고 바르게 믿거나 받아들이지 않고 놀라거나 겁내지도 않았으며, 끝내 나오려는 마음이 전혀 없었느니라. 더구나 불이 무엇인지, 집이 무엇인지, 무엇을 잃게 되는지도 모르고 동으로 서로 뛰어다니며 아버지를 쳐다볼

뿐이었느니라.

　그때에 장자는 이런 생각을 하였느니라.

　'이 집은 벌써 큰불에 타고 있으니 나와 아이들이 만약 지금 나가지 못하면 반드시 불에 타버릴 것이다. 내가 이제 마땅히 방편을 써서라도 아이들이 피해를 면하게 하리라.'

　아버지는 아이들이 예전부터 각자 좋아했던 갖가지 진귀한 장난감과 기이한 물건이라면 반드시 좋아할 것이라 여기고 아이들에게 이렇게 말하였느니라.

　'너희들이 좋아하고 가지고 싶어 하던 희유한 장난감을 어렵게 구했으니, 만약 가지지 않는다면 나중에 반드시 후회할 것이니

라. 이와 같은 여러 가지 양이 끄는 수레, 사슴이 끄는 수레, 소가 끄는 수레들이 지금 문밖에 있으니 즐겁게 놀 수가 있느니라. 그러니 너희들은 이 불타는 집에서 빨리 나오너라. 너희들이 가지고 싶은 대로 모두 줄 것이니라.'

그때에 아이들은 아버지의 말씀을 듣고, 마침 진귀한 장난감을 원하던 터라 마음이 각각 급해져서 서로 밀치고 앞다투어 불타는 집에서 뛰쳐나왔느니라.

이때 장자는 자식들이 무사히 빠져나와 모두 사거리 한가운데의 맨바닥에 앉아있어 다시는 장애가 없는 것을 보고는 마음이 태연해지고 기쁨이 넘쳤느니라.

이때에, 아이들이 아버지에게 말하였느니라. '아버지께서 아까 주신다고 하신 양이 끄는 수레, 사슴이 끄는 수레, 소가 끄는 수레를 지금 주십시오.'

사리불이여, 그때에 장자는 아이들에게 똑같이 큰 수레를 하나씩 주었으니, 그 수레는 높고 넓으며 여러 가지 보배들로 잘 꾸며졌으며 주위에는 난간을 두르고 사면에는 풍경을 달았고, 그 위에는 휘장과 일산을 폈으며 또한 진귀한 여러 보배로 장엄하였느니라.

보배로 줄을 엮어서 늘어뜨리고 꽃과 영락을 드리웠으며, 고운 대자리를 겹겹으로 깔고 붉은 베개를 잘 놓았느니라. 흰 소를 맸는

데 피부색이 깨끗하고 몸체가 좋고 힘이 세
며, 걸음은 평탄하고 바람같이 빠르며, 또 많
은 시종들이 모시고 호위하였느니라.

이때 장자는 재물이 한량없어서 갖가지 창
고마다 모두 가득 차 넘쳐났으므로 이렇게
생각하였느니라.

'나의 재물은 끝이 없으니 변변치 못한 작
은 수레를 자식들에게 주는 것은 마땅하지
않느니라. 지금 이 어린아이들이 모두 내 자
식이므로 치우치거나 편듦 없이 사랑할 것이
니라.

나에게는 이러한 칠보로 만든 큰 수레가
헤아릴 수 없이 많으니, 마땅히 평등한 마음
으로 각자에게 주어 차별하지 않으리라. 왜

냐하면, 내가 가지고 있는 이 물건들은 온 나라에 두루 나누어 주어도 오히려 모자라지 않을진대, 하물며 자식들에게 아낄 필요가 있겠는가.'

이때 자식들은 각각 큰 수레를 타고 일찍이 없던 좋은 것을 얻었으니 본래 바라던 것만이 아니었느니라.

사리불이여, 그대는 어떻게 생각하느냐? 이 장자가 여러 아이들에게 진귀하고 큰 보물 수레를 똑같이 준 것을 허망하다고 할 수 있겠느냐?"

사리불이 말씀드렸습니다.

"아닙니다. 세존이시여, 이 장자가 단지 자

식들에게 화재를 면하게 하여 목숨을 보전하게 한 것만으로도 허망하지 않습니다. 왜냐하면, 목숨만 보전하여도 곧 이미 훌륭한 장난감을 얻은 것과 같은데, 하물며 방편으로 저 불타는 집에서 구제한 것은 말할 것이 있겠습니까?

세존이시여, 만약 이 장자가 작은 수레조차 주지 않았다 할지라도 허망하지 않습니다. 왜냐하면, 이 장자가 처음에 생각한 것은 '내가 방편으로 아이들을 나오게 하리라.'는 것이었습니다. 이런 인연으로도 허망하다 할 수 없는데, 하물며 장자가 자신의 재물이 한량없음을 알고 자식들을 이롭게 하려고 큰 수레를 평등하게 준 것이야 말할 것이 있겠습니까."

부처님께서 사리불에게 말씀하셨습니다.

"훌륭하고 훌륭하다. 그대의 말과 같느니라. 사리불이여, 여래도 또한 그와 같아서 일체 세간의 아버지로서 모든 공포와 두려움과 쇠약함과 번뇌와 우환과 무명과 어두움이 영원히 다하여 남음이 없게 하느니라.

한량없는 지혜와 힘과 두려움 없음을 모두 성취하였으며, 큰 신통력과 지혜의 힘이 있으며, 방편과 지혜바라밀을 구족하여 대자대비로 언제나 게으르지 않고 항상 좋은 일을 구하여 일체를 이익되게 하느니라.

그리하여 삼계의 썩고 낡은 불타는 집에

태어난 중생을 생로병사와 근심, 슬픔, 괴로움, 번뇌, 그리고 어리석고 어둠에 가린 삼독의 불길에서 제도하고 교화하여 아뇩다라삼먁삼보리를 얻게 하느니라.

모든 중생을 보니, 생로병사와 근심, 슬픔, 괴로움, 번뇌로 불타고 있으며, 또한 다섯 가지 욕망과 재물의 이익 때문에 갖가지 고통을 받으며, 또 탐욕과 집착을 좇아 구하므로 현세에서 많은 고통을 받다가 후세에는 지옥, 아귀, 축생의 괴로움을 받기도 하느니라.

만약 천상에 나거나 인간 세상에 있더라도 빈궁하고 괴로우며, 사랑하는 이와 이별하는 고통과 원수와 미운 이를 만나는 고통 등 이와 같은 갖가지 고통 속에 빠져 있으면서도 즐겁게 놀면서 깨닫지도 못하고 알지도 못하며 놀라거나 두려워하지도 않느니라. 또한 싫어하지도 않고 해탈을 구하지도 않으며 삼계의 불타는 집에서 동서로 뛰어다니며 큰 고통을 만나더라도 근심하지 않느니라.

사리불이여, 부처님께서는 이러한 것을 보시고 이렇게 생각하셨느니라. '나는 중생의 아버지가 되었으니 마땅히 그들을 고통에서 건져주고, 한량없고 가이없는 부처님 지혜의 즐거움을 주어 그들로 하여금 즐겁게 놀게 하리라.'

사리불이여, 여래는 또 이런 생각을 하셨느니라. '만약 내가 단지 신통의 힘과 지혜의 힘만 쓰고 방편을 버려 중생에게 여래의 지혜와 힘과 두려움 없음만을 찬탄한다면 중생은 능히 이것만으로는 제도할 수 없을 것이니라.

왜냐하면 이 모든 중생은 생로병사와 근심, 슬픔, 괴로움, 번뇌에서 벗어나지 못하고, 삼계의 불타는 집에서 타고 있으니 어떻게 부처님의 지혜를 이해할 수 있겠는가.'

사리불이여, 마치 저 장자가 비록 몸과 손에 큰 힘이 있지만, 그것을 쓰지 않고 은근하게 방편을 써서 아이들을 불타는 집에서 건져낸 뒤에 각자에게 진귀한 큰 보배수레를 주는 것과 같이 여래도 또한 이와 같아서 비록 힘과 두려움 없음이 있지만 쓰지 않느니라.

다만 지혜와 방편으로 삼계의 불타는 집에서 중생을 건져내기 위해 삼승인 성문과 벽지불과 불승을 설하며 이렇게 말씀하셨느니라.

'그대들은 삼계의 불타는 집에서 머무르기를 좋아하지 말고, 추하고 변변치 않은 색, 성, 향, 미, 촉을 탐내지 말아라. 만약 탐내고 애착하면 곧 불에 타게 되느니라.

그대들이 삼계에서 속히 벗어나면 마땅히 삼승인 성문, 벽지불, 불승을 얻을 것이니라. 내가 그대들을 위하여 이 일을 책임지고 보증하나니 끝내 헛되지 아니하리라. 그대들은 마땅히 부지런히 수행하고 정진하라.'

여래께서는 이러한 방편으로 중생을 권유

하여 나아가게 하고는 다시 이렇게 말씀하셨느니라.

'그대들은 마땅히 알라. 이 삼승법은 모든 성인들이 칭찬하시는 바이며, 자재하여 속박이 없으며 의지하여 구할 것이 없느니라.

이 삼승에 오르면 번뇌가 없는 오근과 오력과 칠각지와 팔정도와 선정과 해탈과 삼매 등을 스스로 즐길 것이며 한량없는 편안함과 즐거움을 얻을 것이니라.'

사리불이여, 만약 중생이 안으로 지혜의 성품이 있어 불세존으로부터 법을 듣고 받아 믿으며, 은근히 정진하여 삼계에서 속히 벗어나려고 스스로 열반을 구하면 이를 일러 성문승이라 하느니라. 마치 저 자식들이 양이 끄는 수레를 가지려고 불타는 집에서 뛰쳐나오는 것과 같느니라.

만약 중생이 불세존으로부터 법을 듣고 받아 믿으며, 은근히 정진하여 자연의 지혜를 구하며, 혼자 있기를 좋아하고 고요한 곳을 즐기며, 모든 법의 인연을 깊이 알면 이를 일러 벽지불승이라 하느니라. 마치 저 자식들이 사슴이 끄는 수레를 가지려고 불타는 집에서 뛰쳐나오는 것과 같느니라.

만약 중생이 불세존으로부터 법을 듣고 받아 믿으며, 은근히 정진하여 일체지와 불지와 자연지와 무사지와 여래의 지혜와 힘과 두려움 없음을 구하며, 한량없는 중생을 가엾게 여겨 안락하게 하며, 천신과 인간을 이롭게 하며, 일체를 제도하여 해탈시키려고 한다면 이를 일러 대승보살이라 하고 이런 수레를 구하므로 마하살이라 하느니라. 마치 저 자식들이 소가 끄는 수레를 가지려고 불타는 집에서 뛰쳐나오는 것과 같느니라.

사리불이여, 저 장자가 모든 자식들이 불타는 집에서 무사히 나와 두려움이 없는 곳에 이르렀음을 보고, 자기의 재물이 한량없는 것을 생각하여 큰 수레를 자식들에게 평등하게 나누어 준 것과 같이 여래도 역시 이와 같느니라.

일체 중생의 아버지로서 한량없는 억 천의

중생이 부처님 가르침의 문을 통해 삼계의 괴로움과 두렵고 험악한 길에서 벗어나 열반의 즐거움을 얻는 것을 보시고는 여래는 그때 문득 이런 생각을 하시기를 '나에게는 한량없고 가이없는 지혜와 힘과 두려움 없음 등의 모든 부처님 법의 창고가 있고, 이 중생은 모두 나의 자식이므로 평등하게 대승을 줄 것이요, 어떤 사람이라도 홀로 열반을 얻게 하지는 않을 것이니, 모두가 여래의 열반으로써 열반에 이르게 하리라.' 하고 이 삼계를 벗어난 중생에게 부처님의 선정과 해탈 등의 장난감을 주시니, 이것은 모두 한 모양 한 종류로서 성인들이 칭찬하는 바이며, 능히 청정하고 미묘하며 제일가는 즐거움이 생기느니라.

사리불이여, 마치 저 장자가 처음에는 세
가지 수레로 자식들을 유인하여 나오게 한
뒤에, 보물로 장엄하고 편안하기가 제일가는
큰 수레만을 주는 것과 같느니라. 그러나 저
장자에게는 거짓말을 한 허물이 없듯이 여래
도 그와 같이 허물이 없느니라.

처음에는 삼승을 설하여 중생을 인도한 뒤
에 오로지 대승으로 제도하여 해탈하게 하였
느니라. 왜냐하면, 여래는 한량없는 지혜와
힘과 두려움 없는 모든 법의 창고가 있어서
능히 일체 중생에게 대승의 법을 줄 수 있지
만, 다만 그들이 모두 받아들이지 못하기 때

문이니라.

　사리불이여, 이러한 인연으로 마땅히 모든 부처님께서는 방편의 힘으로 일불승에서 분별하여 삼승을 설하시는 것이니라."

제4 신해품

　그때에 혜명수보리와 마하가전연과 마하
가섭과 마하목건련이 부처님으로부터 미증
유한 법문을 듣고 또 세존께서 사리불에게
아뇩다라삼먁삼보리의 수기를 주시는 것을
듣고 희유한 마음으로 뛸 듯이 기뻐하여, 곧
자리에서 일어나 의복을 단정히 하고 오른쪽
어깨를 드러내고 오른쪽 무릎을 땅에 대고
일심으로 합장하고 허리를 굽혀 공경하며 존

안을 우러러보며 여쭈었습니다.

"저희들은 대중 가운데 상수로서 나이가 들어 스스로 '이미 열반을 얻었으니 더 할 일이 없다.' 하며 다시 정진하여 아뇩다라삼먁삼보리를 구하려 하지 않았습니다.

세존께서 오래전에 이미 법을 설하실 때 저희도 그 자리에 있었으나 몸이 피곤하고 게을러서 단지 공하고 모양이 없음과 지을 것이 없음만을 생각하였습니다. 그리하여 보살이 닦아야 할 법과 신통에 즐거워하는 것과 불국토를 청정히 하는 것과 중생을 성취시키는 일은 마음으로 즐거워하지 않았습니다.

왜냐하면 세존께서 저희들로 하여금 삼계에서 벗어나 열반을 증득하게 하셨고 또 지금 저희들은 이미 늙어서 부처님께서 보살을 교화하신 아뇩다라삼먁삼보리에 대해서는 한 생각도 좋아하는 마음을 내지 않았기 때문입니다.

저희들은 오늘 부처님 앞에서 성문들에게 아뇩다라삼먁삼보리의 수기를 주시는 것을 듣고는 마음이 매우 환희하여 일찍이 없었던 즐거움을 얻었습니다.

지금 홀연히 희유한 법을 들으니 매우 기쁘고 다행스럽고 크고 좋은 이익을 얻었으며 한량없는 진귀한 보물을 구하지 않았는데도 저절로 얻은 것과 같습니다.

세존이시여, 저희들이 이제 즐거이 비유를

들어 이 뜻을 밝히겠습니다.

어떤 사람이 나이가 어릴 때 아버지를 두고 도망쳐 다른 나라에 가서 오래 살다 보니 십 년, 이십 년, 오십 년이 지났습니다.

나이가 들어서는 더욱 가난하여 사방으로 헤매면서 옷과 음식을 구하며 떠돌다가 우연히 본국으로 차츰 향하게 되었습니다. 그의 아버지는 일찍이 아들을 찾아다니다가 찾지 못하고, 중도에 어느 성에 머물러 살았습니다.

그의 집은 큰 부자라 재물과 보물이 한량없고, 금, 은, 유리, 산호, 호박, 파려, 진주 등이 창고마다 가득 차서 넘쳐났으며, 노비와 신하, 하인과 관리인들이 많이 있었습니다.

코끼리, 말, 수레, 소, 양들이 무수히 많았으며

드나들며 생기는 이익이 다른 나라에까지 미치어서 상인과 손님들 또한 매우 많았습니다.

그때에 빈궁한 아들은 여러 마을과 나라를 지나다가 마침내 아버지가 살고 있는 성에 이르게 되었습니다. 아버지는 언제나 아들을 생각하였습니다.

아들과 이별한 지 오십여 년이 되었으나 아직 다른 사람에게는 이러한 사실을 말하지 않고 단지 혼자 생각하고 마음으로 한탄하길 '나이는 들고 재물은 많아 금과 은과 진귀한 보배가 창고에 가득하나 자식이 없으니 어느 날 죽게 되면 재물이 흩어져 맡길 곳이 없겠구나.' 하고 은근히 한결같이 아들을 기다리며 다시 생각하였습니다. '내가 만일 아들을 만나서 재산을 물려줄 수만 있다면 마음이 편안해지고 즐거워서 다시는 근심과 걱정이 없으리라.' 하였습니다.

세존이시여, 그때에 빈궁한 아들은 품팔이를 하며 이리저리 다니다가 우연히 아버지의 집에 이르렀습니다.

대문 옆에 서서 멀리 그 아버지를 보니 사자좌에 걸터앉아 보배로 된 궤로 발을 받들었고, 바라문과 왕족과 거사들이 공경히 둘러서서 모셨으며, 값이 천만 냥이나 되는 진주 영락으로 몸을 장엄하였고, 시종과 하인들이 손에 흰 불자를 들고 좌우에 서서 시중

들고 있었습니다.

보배휘장으로 덮고 여러 가지 꽃으로 된 깃발을 드리웠으며, 향수를 땅에 뿌리고 이름난 꽃을 흩뿌렸으며, 보물들을 늘어놓고 내어주고 받아들이며 이와 같이 갖가지로 장엄하여 위엄과 덕이 특별히 높아 보였습니다.

빈궁한 아들은 아버지가 큰 세력이 있는 것을 보고 곧 두려운 생각을 품고 이곳에 온 것을 후회하며 가만히 이렇게 생각을 하였습니다.

'저분은 왕이거나 왕과 같은 사람일 것이니 내가 품을 팔아 물건을 얻을 곳이 아니다. 가난한 마을에 가서 땅이 있으면 힘닿는 대로 일하고 옷과 밥을 쉽게 얻는 것이 낫겠다.

만일 여기서 오래 있다가 혹시 절박함을 보고 나에게 강제로 일을 시킬지도 모르겠구나.' 하고는 빨리 그곳을 떠났습니다.

그때에 부유한 장자는 사자좌에서 아들을 즉시 알아보고 매우 기뻐하며 이렇게 생각하였습니다.

'이제는 내 재물 창고를 맡길 곳이 있구나. 내가 항상 이 아들을 생각하였으나 만나볼 길이 없었는데, 홀연히 스스로 찾아왔으니 내가 바라던 바가 되었구나. 내가 비록 늙었으나 이런 까닭에 욕심내어 아꼈던 것이니라.' 하고 곧 곁에 있던 사람을 보내어 급히 쫓아가 데려오게 하였습니다.

이때 심부름꾼이 빨리 쫓아가서 잡으니, 빈궁한 아들은 깜짝 놀라서 원통하다고 큰 소리로 부르짖었습니다. '나는 아무 잘못이 없는데 어찌하여 붙잡아 갑니까?' 심부름꾼은 더욱 단단히 붙들고 강제로 데려가려 하거늘 그때에 빈궁한 아들은 스스로 생각하기를 '죄도 없이 붙잡혔으니 반드시 죽게 되겠구나.' 하고 더욱 놀라고 무서워서 정신을 잃고 땅에 쓰러졌습니다.

아버지는 멀리서 이것을 보고 심부름꾼에게 말하였습니다. '그 사람은 필요 없으니 억지로 데려오지 마라. 얼굴에 찬물을 뿌려서 깨어나게 하고 다시는 말하지 말아라.'

왜냐하면, 아버지는 그 아들의 의지가 하열한 줄을 알았으며, 자신은 호화롭고 고귀하여 아들이 어려워할 줄 알았기 때문입니다. 분명히 자기 아들인 줄 알면서도 방편으로 다른 사람에게는 자기 아들이란 말을 하지 않고 심부름꾼을 시켜 말하길 '내가 이제 놓아 줄 터이니 마음대로 가거라.' 하였습니다.

빈궁한 아들은 기뻐하며 일찍이 없던 희유함을 느끼고 땅에서 일어나 가난한 마을로 가서 옷과 음식을 구하였습니다.

그때에 장자는 장차 그 아들을 유인하여 데려오게 하려고 방편을 써서, 비밀리에 행색이 초라하고 위엄과 덕망이 없는 두 사람을 보내며 '너희들은 거기 가서 빈궁한 사람에게 넌지시 말하기를, 여기에 일할 곳이 있으니 품삯을 두 배로 준다고 말하라. 만일 빈궁한 자가 허락하면 데리고 와서 일을 시키되, 어떤 일을 하느냐고 물으면 똥거름을 치우는 일인데 우리 두 사람도 같이 일한다고 하여라.'

그때에 두 사람은 즉시 빈궁한 아들을 찾아가서 시킨 대로 앞의 일들을 자세히 말하였습니다. 그 후부터 빈궁한 아들은 먼저 품삯을 받고 똥거름을 치우게 되었습니다. 그 아버지가 아들을 보니 가엾기도 하고 어이가 없었습니다.

또 어느 날 창문으로 멀리 아들을 바라보

니 몸은 야위고 초췌하며 똥과 흙먼지로 더럽고 불결하였습니다. 즉시 영락과 얇고 부드러운 옷과 장신구를 벗어던지고, 허름하고 때가 묻은 옷으로 갈아입고, 흙과 먼지를 몸에 묻히고 오른손에 똥거름 치우는 그릇을 잡고 조심스럽게 일꾼들이 있는 곳으로 가서 여러 사람에게 말하였습니다.

'너희들은 부지런히 일하고 게으름을 피우지 마라.' 하고는 방편으로 아들에게 가까이 가서 또 말하기를 '가엾다, 이 사람아. 너는 항상 여기서만 일하고 다른 곳으로는 가지 마라. 그러면 품삯도 올려줄 것이고, 모든 필요한 그릇, 쌀, 밀가루, 소금, 식초 따위도 걱정하지 마라. 또한 늙은 일꾼도 있어서 필요하면 붙여줄 것이니 편안히 안심하고 있어라.

나는 너의 아버지와 같으니 다시는 근심이나 걱정하지 말아라. 왜냐하면 나는 나이가 많고 늙었으나 너는 젊고 굳세며, 너는 언제나 일을 할 때 속이거나 게으르거나 성내거나 원망하는 말이 없었으니, 도무지 네게서는 다른 일꾼들처럼 나쁜 것들을 보지 못했다. 이제부터는 내가 낳은 자식같이 생각하리라.' 하고 곧 장자는 이름을 다시 지어주며 아들이라고 불렀습니다.

그때에 빈궁한 아들은 비록 이러한 대우를 받는 것이 기쁘기는 하였으나, 여전히 객지에서 온 천한 사람이라 여기며 이십년 동안 항상 똥거름만 치우고 있었습니다. 이렇게 지낸 이후로는 마음이 서로 통하고 믿게 되어 어려움 없이 출입하였으나 머무는 곳은 여전히 본래 있던 곳이었습니다.

세존이시여, 그때에 장자가 병이 들어 스스로 죽을 날이 멀지 않았음을 알고 빈궁한 아들에게 말하였습니다.

'나에게 지금 많은 금과 은과 진귀한 보배가 창고마다 넘쳐나고 있으니, 그 가운데 있는 많고 적음과 응당 주고받아야 할 것을 네가 모두 알아두어라. 나의 마음이 이러하니 마땅히 이 뜻을 받들어라. 왜냐하면 이제는 너와 내가 다를 바가 없으니, 마땅히 마음을 잘 써서 소홀하거나 실수하지 말아야 하느니라.' 하였습니다.

그때에 빈궁한 아들은 분부를 받들어 여러 가지 금, 은, 진귀한 보배와 모든 창고를 맡았으나 밥 한끼도 취하려는 마음이 없었고, 머무는 곳도 여전히 본래 있던 곳이었으며 하열한 마음도 또한 아직 버리지 못하였습니다.

다시 얼마가 지난 후에 아버지는 아들의 마음이 점점 열리고 커져서 큰 뜻을 이루고, 스스로 예전의 천하게 여겼던 마음을 뉘우치고 있음을 알게 되었습니다.

목숨을 마칠 때가 되자 아들을 시켜 친족과 국왕과 대신과 왕족과 거사들을 모이게 하고 이렇게 선언하였습니다.

'여러분은 마땅히 아십시오. 이 사람은 나의 아들이요, 내가 낳은 자식이나, 어떤 성에서 나를 두고 도망하여 오십여 년 동안 외롭게 떠돌아다니며 온갖 고생을 하였습니다. 그의 본래 이름은 아무개이고 나의 이름은 아무개입니다. 옛날 본래 살던 성에 있을 적에 무척 걱정하며 찾으려고 애를 썼는데 뜻밖에 이곳에서 만나게 되었습니다.

이 사람은 참으로 나의 아들이요, 나는 그의 진짜 아버지입니다. 내가 소유한 모든 재산은 전부 이 아들의 것이며, 예전부터 출납하던 일도 이 아들이 알아서 할 것입니다.'라고 하였습니다.

세존이시여, 이때 빈궁한 아들은 아버지의 이 말씀을 듣고 크게 기뻐하여 일찍이 없던 일이라 하며 이렇게 생각하였습니다. '나는 본래 조금도 바라는 마음이 없었는데, 지금 이렇게 보배창고가 나에게 저절로 이르렀구나.' 하였습니다.

세존이시여, 큰 부자인 장자는 바로 여래이시고, 저희들은 모두 부처님의 아들과 같습니다. 여래께서 항상 저희들을 아들이라 말씀하셨습니다.

세존이시여, 저희들은 세 가지의 괴로움 때문에 나고 죽는 가운데 모든 괴로운 번뇌를 받으면서도 미혹하고 무지하여 소승법만을 좋아하였습니다.

오늘 세존께서 저희로 하여금 모든 법의 희롱거리인 똥거름으로 생각하여 치워버리도록 하시었으며, 저희들은 그 속에서 더욱 부지런히 정진하여 열반에 이르는 하루 품삯을 얻었으며, 겨우 이것을 얻고서야 마음이 크게 기뻐서 스스로 만족해하고 말하기를 '불법 가운데에서 부지런히 정진한 까닭으로 얻은 것이 매우 많다.'고 하였습니다.

그러나 세존께서는 저희들의 마음이 부질없는 욕망에 집착하여 소승법을 좋아하는 것을 미리 아시면서도 내버려 두시고 '그대들도 마땅히 여래의 지견인 보배창고의 몫이 있느니라.' 하고 분별하여 주시지 않으셨습니다.

세존께서는 방편의 힘으로 여래의 지혜를 말씀하셨으나, 저희들은 열반의 하루 품삯을 받고 크게 얻었다고 생각하여 대승을 구하려는 뜻이 없었습니다. 저희들은 또 여래의 지혜로 모든 보살들을 위하여 열어 보여서 연설하면서도 스스로는 이것에 대하여 서원이 없었습니다.

왜냐하면 부처님께서 저희들이 소승법을 좋아하는 것을 아시고 방편의 힘으로 저희에게 알맞게 말씀하셨지만, 저희들은 부처님의 진정한 아들인 줄을 알지 못하였기 때문입니다. 이제서야 세존께서 부처님의 지혜에 대하여 인색하지 않음을 알게 되었습니다.

왜냐하면 저희들이 예전부터 진정한 부처

님의 아들이었지만 소승법만을 좋아하였기 때문이니, 만일 저희들이 대승을 좋아하는 마음이 있었다면 부처님께서 바로 저희들을 위해서 대승법을 설하여 주셨을 것입니다.

이 경전 가운데서 오직 일승만을 설하셨고 옛적 보살들 앞에서는 성문들이 소승법을 좋아한다고 나무라셨습니다. 그러나 부처님께서는 진실로 대승으로써 교화하셨습니다. 그러므로 저희들이 본래에는 바라는 마음이 없었는데 지금 법왕의 큰 보배가 저절로 이르렀으니, 부처님의 아들로서 당연히 얻어야 할 것을 모두 얻은 것과 같습니다."

제5 약초유품

그때에 세존께서 마하가섭과 여러 큰 제자들에게 말씀하셨습니다.

"훌륭하고 훌륭하다, 가섭이여. 여래의 진실한 공덕을 잘 말하였으니, 진실로 말한 바와 같느니라. 여래는 또 한량없고 가이없는 아승지 공덕이 있나니 그대들이 만일 한량없는 억겁 동안에 말한다 할지라도 다할 수 없느니라.

가섭이여, 마땅히 알라. 여래는 모든 법의 왕이니, 설하는 것이 모두 허망하지 아니하니라. 모든 법에 대하여 지혜와 방편으로 말씀하시나니 그 설하는 법은 온갖 지혜의 경지에 이르느니라.

여래는 모든 법이 돌아갈 바를 관찰하여 알며, 또한 모든 중생이 깊은 마음으로 행하는 바를 알아서 통달하여 걸림이 없으며, 또 모든 법에 대하여 궁극까지 밝게 알아서 모든 중생에게 온갖 지혜를 보여주느니라.

가섭이여, 비유하면 삼천대천세계의 산과 내와 골짜기와 땅에서 자라는 풀과 나무와 숲과 약초들의 종류가 여러 가지이며 이름과 모양도 각각 다르니라.

짙은 구름이 가득히 펴져 삼천대천세계를 두루 덮고 일시에 골고루 큰 비를 내려 그 비로 두루 적시면, 풀과 나무와 숲과 약초들의 작은 뿌리와 작은 줄기, 작은 가지와 작은 잎, 중간 뿌리와 중간 줄기, 중간 가지와 중간 잎, 큰 뿌리와 큰 줄기, 큰 가지와 큰 잎과 나무들이 크고 작음과 상, 중, 하를 따라서 제각기 비를 받느니라.

한 구름에서 내리는 비의 종류와 성질에 맞추어서 나고 자라며 꽃이 피고 열매를 맺는데, 비록 한 땅에서 생겨나고 한 비로 젖지만 모든 초목은 각각 차별이 있느니라.

가섭이여, 마땅히 알라. 여래도 또한 이와 같아서 세상에 출현하시는 것은 마치 큰 구름이 일어나는 것과 같고, 큰 음성으로 온 세계의 천신과 인간과 아수라들에게 두루 들리게 하는 것은 마치 저 큰 구름이 삼천대천국토를 두루 덮는 것과 같느니라.

그리고 대중 가운데서 이렇게 말씀하셨습니다.

'나는 여래, 응공, 정변지, 명행족, 선서, 세간해, 무상사, 조어장부, 천인사, 불세존이니라. 아직 제도 받지 못한 자를 제도 받게 하고, 이해하지 못한 자를 이해하게 하며, 편안하지 못한 자를 편안하게 하고, 열반하지 못한 자를 열반하게 하며, 지금 세상과 오는 세상을 여실히 아느니라. 나는 모든 것을 아는

이며, 모든 것을 보는 이며, 진리를 아는 이
며, 진리를 여는 이며, 진리를 설하는 이니
라. 그대들 천신과 사람과 아수라들도 모두
응당 여기에 와서 법을 들을지니라.'

그때에 무수한 천만 억 종류의 중생이 부
처님 계신 곳으로 와서 법을 들으니, 여래께
서 이때 이 중생의 근기가 영리하고 둔한지,
부지런하고 게으른지를 살펴보시고 그들이
감당할 수 있는 능력에 맞게 갖가지 한량없
는 법을 설하여 모두 기쁘게 하며 좋은 이익
을 얻게 하였느니라.

이 모든 중생이 법을 듣고 현세에는 편안
하고 후세에는 좋은 곳에 태어나며 진리로써
즐거움을 받고 또한 법을 들으며, 법을 듣고

는 모든 장애를 여의고, 모든 법 가운데서 그 능력에 따라 점점 깨달음에 들어가게 되니, 마치 큰 구름이 모든 풀과 나무와 숲과 모든 약초에 비를 내릴 때 그 종류와 성질에 따라 흡족하게 머금고, 제각기 나고 자라는 것과 같느니라.

여래의 설법은 한 모양이며 한 맛이니, 이른바 해탈의 모양, 여의는 모양, 소멸하는 모양으로써 구경에는 일체종지에 이르느니라. 어떤 중생이 만일 여래의 법을 듣고 지니고 읽고 외우며 설한 대로 수행한다면 그가 얻는 공덕은 스스로는 깨닫지 못하느니라.

왜냐하면 오직 여래만이 이 중생의 종류와

형상과 자체의 성품을 아시되, 무슨 일을 기억하고 무슨 일을 생각하고 무슨 일을 닦으며, 어떻게 기억하고 어떻게 생각하며 어떻게 닦으며, 무슨 법으로 기억하고 무슨 법으로 생각하고 무슨 법으로 닦으며 무슨 법으로 어떤 법을 얻는지를 알고 있기 때문이니라.

중생이 갖가지 경지에 머물러 있는 것을 오직 여래만이 여실히 보시고 분명히 알아 걸림이 없나니, 마치 저 풀과 나무와 숲과 모든 약초들이 스스로는 상, 중, 하의 성품을 알지 못하는 것과 같느니라.

여래는 이 한 모양, 한 맛의 법을 아나니, 이른바 해탈의 모양, 여의는 모양, 소멸하는 모양으로 구경열반하는 항상 적멸한 모양이니, 마침내 공으로 돌아가는 것이니라.

부처님께서 이러한 것을 아시고 중생이 하고자 하는 마음을 보시고 보호해 주려 하셨느니라. 그러므로 일체종지를 바로 설하지 않으신 것이니라.

가섭이여, 그대들은 매우 희유하여 여래께서 근기에 맞게 법을 설하는 것을 알고 능히 믿고 능히 받을지니라. 왜냐하면 모든 부처님께서 근기에 맞게 설하신 법은 이해하기도 어렵고 알기도 어렵기 때문이니라."

제6 수기품

그때에 세존께서 여러 대중에게 이렇게 말씀하셨습니다.

"나의 제자 마하가섭은 오는 세상에 마땅히 삼백만억 부처님을 받들어 뵈옵고 공양하고 공경하며 존중하고 찬탄하며 모든 부처님의 한량없는 큰 법을 널리 펴다가 최후의 몸으로 성불하리라. 이름은 광명여래, 응공, 정변지, 명행족, 선서, 세간해, 무상사, 조어장부, 천인사, 불세존이니라.

나라의 이름은 광덕이요, 겁의 이름은 대장엄이며, 부처님 수명은 십이 소겁이요, 정법이 세상에 머물기는 이십 소겁이며, 상법 또한 이십 소겁을 머무느니라.

그 세계는 장엄하게 꾸며져 온갖 더러운 것과 기와조각, 자갈, 가시덤불, 똥오줌 등 깨끗하지 못한 것들이 없으며, 그 국토는 평평하고 반듯하여 높고 낮은 구렁이나 언덕이 없으며, 유리로 땅이 되고 보배나무가 줄지어 있으며, 황금으로 줄을 만들어 길가의 경계를 삼고, 보배꽃들이 뿌려져서 주변이 두루 청정하며, 그 나라의 보살들은 한량없는 천억이고, 성문 대중 또한 헤아릴 수 없으며,

마구니의 장난이 없으며, 설사 마왕과 마구니의 백성이 있더라도 모두 불법을 보호할 것이니라."

그때에 대목건련과 수보리와 마하가전연 등이 모두 송구스러워하며 일심으로 합장하고 부처님의 존안을 우러러보며 눈을 잠시도 떼지 않고 같은 소리로 함께 게송으로 말하였습니다.

용맹하신 대웅세존 석가족의 법왕이라
불쌍하게 여기시어 가르침을 주옵소서
저희마음 다아시고 성불수기 주신다면
감로수로 열을식혀 청량함을 느끼나니

주린배로 헤매다가 대왕성찬 받았어도
의아하고 두려워서 감히먹지 못하다가
왕의권유 받은다음 그때서야 먹게되듯
우리들도 이와같아 소승법에 매어있어
부처님의 높은지혜 헤아릴줄 모르기에
그대들도 성불한다 가르침을 받더라도
근심되고 두려워서 선뜻받지 못하오니
만일수기 주신다면 이제편안 하오리다
거룩하신 세존께서 온세상을 편케하니
저희에게 수기하면 가르침을 받으리다

그때에 세존께서 여러 큰 제자들이 마음속
으로 생각하는 바를 아시고 비구들에게 말씀
하셨습니다.

"이 수보리는 오는 세상에서 삼백만 억 나유타부처님을 받들어 뵈옵고 공양하고 공경하며 존중하고 찬탄하리라. 항상 범행을 닦아 보살도를 갖추고 최후의 몸으로 성불하리라.

이름은 명상여래, 응공, 정변지, 명행족, 선서, 세간해, 무상사, 조어장부, 천인사, 불세존이며, 겁의 이름은 유보요, 나라의 이름은 보생이니라.

그 국토는 평평하고 반듯하여 파려로 땅이 되고 보배나무로 장엄하였으며, 언덕과 구렁과 모래와 자갈과 가시덤불과 똥오줌 등 더러운 것이 없으며, 보배꽃이 땅을 덮으며 주변이 두루 청정하니라.

그 나라 백성들은 모두 보배로 된 집과 진

귀하고 미묘한 누각에 살며, 성문 제자는 한량없고 가이없어서 숫자로나 비유로도 능히 알 수 없고, 보살 대중도 무수한 천만 억 나유타이니라. 부처님의 수명은 십이 소겁이요, 정법이 세상에 머물기는 이십 소겁이며, 상법도 역시 이십 소겁을 머무느니라.

그 부처님께서 항상 허공에 계시면서 중생을 위하여 법을 설하시어 한량없는 보살과 성문들을 제도하여 해탈케 하시느니라."

그때에 세존께서 다시 여러 비구들에게 말씀하셨습니다.

"내가 지금 그대들에게 말하노니, 이 가전연은 오는 세상에서 여러 가지 공양물로 팔

천억 부처님께 공양하여 받들어 섬기고 공경하고 존중하며, 모든 부처님께서 열반하신 뒤에 각각 탑을 세우니, 높이가 일천 유순이요, 가로와 세로는 똑같이 오백 유순이니라.

금, 은, 유리, 자거, 마노, 진주, 매괴의 칠보로 합하여 이루어졌고, 여러 가지 꽃과 영락과 바르는 향과 가루 향과 사르는 향과 비단으로 된 일산과 당기와 번기로 탑에 공양하리라.

그런 뒤에 다시 이만 억 부처님께도 역시 이와 같이 하고, 이 모든 부처님께 공양하고는 보살도를 갖추어 마땅히 성불하리니, 이름은 염부나제금광여래, 응공, 정변지, 명행족, 선서, 세간해, 무상사, 조어장부, 천인사,

불세존이니라.

그 국토는 평평하고 반듯하여 파려로 땅이 되고 보배나무로 장엄하였으며, 황금으로 줄을 만들어 길가의 경계를 삼고, 미묘한 꽃으로 땅을 덮어 주변이 두루 청정하여 보는 이가 기뻐할 것이니라.

네 가지 악도인 지옥, 아귀, 축생, 아수라가 없고 천신과 사람과 여러 성문과 한량없는 만억의 보살들이 그 나라를 장엄하리라.

부처님의 수명은 십이 소겁이요, 정법이 세상에 머물기는 이십 소겁이며, 상법도 역시 이십 소겁을 머무느니라."

그때에 세존께서 다시 대중에게 말씀하셨

습니다.

"내가 이제 그대들에게 말하노니, 이 대목건련은 마땅히 갖가지 공양물로 팔천 부처님께 공경하고 존중하며, 부처님들께서 열반하신 뒤에는 각각 탑을 세우되 높이가 일천 유순이요,

가로와 세로가 똑같이 오백 유순이니라. 모두 금, 은, 유리, 자거, 마노, 진주, 매괴의 칠보로 합하여 이루어졌고, 여러 가지 꽃과 영락과 바르는 향, 가루 향, 사르는 향과 비단으로 된 일산과 당기와 번기로 공양하며, 그런 뒤에 다시 이백만억 부처님께 공양하기를 역시 이와 같이 하고 마땅히 성불하리니, 이름은 다마라발전단향여래, 응공, 정변지,

명행족, 선서, 세간해, 무상사, 조어장부, 천인사, 불세존이니라.

겁의 이름은 희만이요, 나라의 이름은 의락이며, 그 국토는 평평하고 반듯하여 파려로 땅이 되고 보배나무로 장엄하였으며, 진주 꽃을 흩어서 주변이 두루 청정하여 보는 이가 기뻐하며 천신과 사람이 많고 보살과 성문도 그 수가 한량 없느니라.

부처님의 수명은 이십사 소겁이요, 정법이 세상에 머물기는 사십 소겁이며, 상법도 역시 사십 소겁을 머무느니라."

제7 화성유품

　부처님께서 여러 비구들에게 말씀하셨습니다.

　"지나간 과거 한량없고 가이없는 불가사의한 아승지 겁 전 그때에 부처님이 계셨으니, 이름은 대통지승여래, 응공, 정변지, 명행족, 선서, 세간해, 무상사, 조어장부, 천인사, 불세존이셨고, 나라의 이름은 호성이요, 겁의 이름은 대상이었느니라.

비구들이여, 그 부처님께서 열반하신 지가 매우 오래 되었으니, 비유하면 삼천대천세계에 있는 땅덩어리를 가령 어떤 사람이 갈아서 먹을 만들어 동방으로 일천 국토를 지나면서 티끌만한 점을 떨어뜨리고, 또 일천 국토를 지나면서 다시 한 점을 떨어뜨리되,

이와 같이 계속하여 땅덩어리를 간 먹이 다한다면, 그대들은 생각이 어떠한가? 셈을 잘하는 사람이나 그의 제자들이라도 능히 그 국토들의 끝을 알 수 있겠느냐."

"알지 못합니다. 세존이시여."

"비구들이여, 이 사람이 지나간 국토에서 점을 떨어뜨렸거나 떨어뜨리지 않았거나 모두 모아 부수어 다시 티끌로 만들어 그 먼지

하나를 일 겁으로 친다고 해도 그 부처님께서 열반하신 지는 이 수보다 더 오래되어 한량없고 가이없는 백 천 만억 아승지 겁이지만 나는 여래의 지혜의 힘으로 저 멀고 오래된 일을 마치 오늘의 일처럼 볼 수 있느니라."

부처님께서 여러 비구들에게 말씀하셨습니다.

"대통지승부처님의 수명은 오백사십만억 나유타겁이었느니라. 그 부처님께서는 처음 도량에 앉으시어 마구니를 물리치고 아뇩다라삼먁삼보리를 얻게 되었으나 불법이 앞에 나타나지 않으므로 일 소겁에서 십 소겁에 이르도록 결가부좌를 하시고 몸과 마음을 움직이지 아니하였건만 모든 부처님의 법은 여전히 앞에 나타나지 않았느니라.

그때에 도리천신들이 먼저 그 부처님을 위하여 보리수 아래에서 사자좌를 펴니 높이가 일 유순이라. 부처님께서 여기에 앉으셔서 마땅히 아뇩다라삼먁삼보리를 얻으리라 하시니, 마침 이 자리에 앉으셨느니라.

이때 모든 범천왕은 온갖 하늘 꽃을 사방 일백 유순에 비 내리고 향기로운 바람이 때때로 불어와 시든 꽃을 불어 보내고, 다시 새 꽃을 내려서 십 소겁 동안을 쉬지 않고 부처님께 공양하였느니라.

사천왕들은 부처님께 공양하기 위하여 항상 하늘 북을 치고, 그 밖의 천신들은 하늘의 악기를 연주하여 십 소겁이 다하도록 하였으며 열반에 이르실 때까지 역시 이렇게 하였느니라.

비구들이여, 대통지승부처님께서는 십 소겁이 지나서야 모든 부처님의 법이 앞에 나타나서 아뇩다라삼먁삼보리를 이루셨느니라. 그 부처님께서 출가하시기 전에 열여섯 명의 아들이 있었는데 그 첫째의 이름은 지적이었느니라.

왕자들은 각자 여러 가지 진귀하고 기이한 장난감을 가지고 있었으나, 아버지가 아뇩다라삼먁삼보리를 이루셨다는 말을 듣고 모두 진귀한 장난감을 버리고 부처님 계신 곳으로 찾아가니 어머니들이 눈물을 흘리며 전송하였느니라.

그들의 할아버지인 전륜성왕은 백 명의 대신과 백천만 억 명의 백성에게 둘러싸여 부처님의 도량에 이르러, 다 함께 대통지승여래를 가까이서 공양하며 공경하고 존중하고 찬탄하려고 하였느니라.

도량에 다다라서는 머리를 숙여 발에 예배하고 부처님의 주위를 돌고, 일심으로 합장하고 부처님을 우러러보며 게송으로 말하였느니라.

큰위덕의 세존께서 중생제도 하시려고
무량겁을 지나서야 부처님이 되셨으니

모든소원 다갖추고 거룩하기 끝이없네

세존성불 희유하사 한자리에 십소겁을

사대육신 꼼짝않고 고요하게 앉아있네

그마음은 담담하여 어지럽지 아니하고

구경에는 편안하여 번뇌없이 머무시네

이제세존 편안하게 성불하심 뵈옵나니

저희들은 이익얻어 크게환희 하나이다

중생고뇌 항상해도 눈어둡고 스승없어

도성제길 알수없고 해탈길도 알수없네

긴세월에 악취늘고 하늘대중 적어지며

어둔곳만 파고들어 부처이름 못들었네

지금부처 가장높아 위없는도 얻으시니

저희들과 하늘인간 큰이익을 얻게되니

그러므로 머리숙여 부처님께 귀의하네

그때에 십육 왕자는 부처님을 찬탄하는 게송이 끝나자, 세존께 법륜 굴려주시기를 간청하며 다 함께 이렇게 여쭈었느니라. '세존께서 법을 설하시면 매우 안락하고 편안하오리니, 모든 천인과 사람들을 연민히 여기시어 넉넉히 이익되게 하옵소서.'라고 하였습니다."

부처님께서 비구들에게 말씀하셨습니다.
"대통지승부처님께서 아뇩다라삼먁삼보리를 얻으셨을 때 시방으로 각각 오백만 억 부처님 세계가 여섯 가지로 진동하고 그 세계의 중간에 해와 달의 광명이 능히 비치지 못했던 캄캄한 곳은 모두 크게 밝아져서, 그 가운데 중생이 각각 서로를 보며 모두 이렇게 말하기를 '이 곳에 어찌하여 홀연히 중생이 생겼는가?' 하였느니라. 또 그 세계의 모든 하늘 궁전과 범천의 궁전에 이르기까지 여섯 가지로 진동하고 큰 광명이 두루 비추어서 세계에 가득하니, 모든 하늘의 광명보다 수승하였느니라.

그때에 동방의 오백만 억 국토 가운데 있는 범천왕의 궁전에 광명이 비추니 평상시의 밝음보다 배나 더 밝았느니라.

여러 범천왕들이 생각하기를 '지금 궁전에 비치는 광명은 예전에 없던 일이니 무슨 인연으로 이런 모습이 나타나는가?' 하며 범천왕들이 각기 서로 찾아가서 함께 이 일을 의논하였느니라.

이때 그 대중 가운데 한 대범천왕이 있었으니 이름이 구일체라, 모든 범천 대중을 위하여 게송으로 말하였느니라.

우리들의 궁전마다 대광명이 가득하니
그 인연이 무엇인가 서로함께 찾아보세
대성인이 나심인가 부처님의 출현인가
크나큰빛 상서광명 시방세계 두루하네

그때에 오백만 억 국토의 여러 범천왕들이 궁전과 함께 각자 바구니에 여러 가지 하늘 꽃들을 가득 담아 서쪽으로 함께 나아가서 이 모습을 찾다가, 대통지승여래께서 도량의 보리수 아래 사자좌에 앉아 계시니 여러 천신, 용왕, 건달바, 긴나라, 마후라가, 사람과 사람 아닌 이들에게 공손히 둘러싸여 계신 것을 보았느니라.

그리고 십육 왕자가 부처님께 법륜을 굴려 주시기를 청하는 것을 보고 즉시 범천왕들이 머리를 숙여 부처님께 예배하고, 백천 번을 돌면서 하늘 꽃을 부처님 위에 흩뿌리니, 그 흩은 꽃이 수미산과 같았느니라.

아울러 부처님의 보리수에도 공양하니 보리수의 높이가 십 유순이었느니라. 꽃으로 공양을 하고 각각 궁전을 부처님께 받들어 올리며, '오직 저희들을 불쌍히 여기시어 이익되게 하여 주시고, 바치는 이 궁전을 원하옵건대 받아 주시옵소서.'라고 말하였느니라.

이때 모든 범천왕들이 부처님 앞에서 한결같은 마음과 같은 음성으로 게송을 말하였느니라.

세존께서 희유하여 만나뵙기 어려워라
무량공덕 갖추어서 능히일체 구하시며
천신인간 스승되어 중생들을 위하시니
시방세계 모든중생 큰이익을 얻나이다
저희들이 찾아온곳 오백만억 먼국토며
선정락을 다버린건 부처공양 위함이라
저희전생 복덕으로 장엄하게 꾸민궁전
세존님께 바치오니 오직받아 주옵소서

그때에 범천왕들이 게송으로 부처님을 찬

탄하고 나서 각자 이렇게 말하였느니라. '오
직 원하옵건대 세존께서는 법륜을 굴리시어
중생을 제도하시고 열반의 길을 열어주시옵
소서.'

이때 모든 범천왕들이 한결같은 마음과 같
은 음성으로 게송을 말하였느니라.

세상영웅 양족존은 무량한법 연설하여
대자대비 큰힘으로 중생제도 하옵소서

그때에 대통지승여래께서는 묵묵히 허락
하셨느니라.

또 비구들이여, 동남방의 오백만 억 국토의

모든 대범천왕들도 각각 자기의 궁전에 광명이 비치는 것을 보고 예전에 없었던 일이라 뛸 듯이 기뻐하며 희유하다는 마음을 내어 곧 각기 서로 찾아가서 함께 이 일을 의논하였느니라.

이때 그 대중 가운데 한 대범천왕이 있으니 이름이 대비라, 모든 범천의 대중을 위하여 게송으로 말하였느니라.

무슨인연 있었길래 이런상서 나타나나
저희들의 여러궁전 전에없던 광명이라
대덕께서 나심인가 부처께서 오심인가
일찍없던 이상서를 일심으로 찾아보세
천만국토 지나가도 광명따라 찾아보니

많은부처 출현하여 중생제도 하느니라

　그때에 오백만 억 범천왕들은 궁전과 함께
바구니에 여러 가지 하늘 꽃들을 가득 담아
서북쪽으로 함께 나아가서 이 모습을 찾다가,
대통지승여래께서 도량의 보리수 아래 사자
좌에 앉아 계시니 여러 천신, 용왕, 건달바,
긴나라, 마후라가, 사람과 사람 아닌 이들에
게 공손히 둘러싸여 계신 것을 보았느니라.
　그리고 십육 왕자가 부처님께 법륜을 굴려
주시기를 청하는 것을 보고, 이때에 범천왕
들이 머리를 숙여 부처님께 예배하고, 백천
번을 돌면서 하늘 꽃을 부처님 위에 흩뿌리
니, 그 흩은 꽃이 수미산과 같았느니라. 아울

러 부처님의 보리수에도 공양하였느니라.

꽃으로 공양을 하고 각각 궁전을 부처님께 받들어 올리며, '오직 저희들을 불쌍히 여기시어 이익되게 하여 주시고, 바치는 이 궁전을 원하옵건대 받아 주시옵소서.'라고 말하였느니라.

이때 모든 범천왕들이 부처님 앞에서 한결같은 마음과 같은 음성으로 게송을 말하였느니라.

성스러운 하늘의왕 가릉빈가 음성으로
중생위해 연설하니 저희들이 예경하네
세존께서 희유하사 출현하기 어려우며
일백팔십 오랜겁을 부처님이 안계시니

삼악도는 충만하고 하늘중생 감소하네
이제부처 오시어서 중생들의 눈이되니
세간모두 귀의하고 온갖것을 구호하네
중생위해 아비되어 이익되게 하시나니
저희들의 숙세의복 지금세존 뵙게되네

그때에 범천왕들이 게송으로 부처님을 찬탄하고 나서 각자 이렇게 말하였느니라. '오직 원하옵건대 세존께서는 법륜을 굴리시어 중생을 제도하여 해탈하게 하옵소서.' 이때 모든 범천왕들이 한결같은 마음과 같은 음성으로 게송을 말하였느니라.

대성세존 법륜굴려 모든법을 보이시고

고뇌중생 제도하여 큰기쁨을 얻게하네
중생들은 이법듣고 도를얻어 천상나며
모든악도 줄어들고 선한사람 많아지네

그때에 대통지승여래께서는 묵묵히 허락하셨느니라.

또 비구들이여, 남방의 오백만 억 국토의 모든 대범천왕들도 각각 자기의 궁전에 광명이 비치는 것을 보고 예전에 없었던 일이라 뛸 듯이 기뻐하며 희유하다는 마음을 내어 곧 각기 서로 찾아가서 함께 이 일을 의논하기를 '어떤 인연으로 우리들의 궁전에 이런 광명이 비치는가.' 하였느니라.

그 대중 가운데 한 대범천왕이 있으니 이름이 묘법이라, 모든 범천의 대중을 위하여 게송으로 말하였느니라.

저희들의 모든궁전 광명매우 밝은 것이
인연없지 아니하니 이상서를 찾아보세
백천겁이 지나도록 이런모습 보지못해
대덕께서 나심인가 부처께서 오심인가

그때에 오백만 억 범천왕들은 궁전과 함께 바구니에 여러 가지 하늘 꽃들을 가득 담아 북쪽으로 함께 나아가서 이 모습을 찾다가, 대통지승여래께서 도량의 보리수 아래 사자좌에 앉아 계시며 여러 천신, 용왕, 건달바,

긴나라, 마후라가, 사람과 사람 아닌 이들에게 공손히 둘러싸여 계신 것을 보았느니라.

그리고 십육 왕자가 부처님께 법륜을 굴려 주시기를 청하는 것을 보고 범천왕들이 머리를 숙여 부처님께 예배하였으며, 백천 번을 돌면서 하늘 꽃을 부처님 위에 흩뿌리니 그 흩은 꽃이 수미산과 같았느니라. 아울러 부처님의 보리수에도 공양하였느니라.

꽃으로 공양을 하고 각각 궁전을 부처님께 받들어 올리며, '오직 저희들을 불쌍히 여기시어 이익되게 하여 주시고, 바치는 이 궁전을 원하옵건대 받아 주시옵소서.'라고 말하였느니라.

이때 모든 범천왕들이 부처님 앞에서 한결

같은 마음과 같은 음성으로 게송을 말하였느
니라.

세존뵙기 어려워라 온갖번뇌 깨뜨린분
백삼십겁 지나고야 이제한번 친견하네
목마르고 주린중생 법비로써 충만하니
예전에는 보지못한 한량없는 지혜일세
우담발화 꽃피듯이 오늘에야 만났으니
저희들의 모든궁전 광명으로 장엄하네
세존이여 대자비로 오직받아 주옵소서

그때에 범천왕들이 게송으로 부처님을 찬
탄하고 나서 각자 이렇게 말하였느니라. '오
직 원하옵건대 세존께서는 법륜을 굴리시어

일체 세간의 천신, 마왕, 범천, 사문, 바라문
들로 하여금 모두 편안함을 얻어 제도하여
해탈하게 하옵소서.'

이때 모든 범천왕들이 한결같은 마음과 같
은 음성으로 게송을 말하였느니라.

원하오니 세존께서 무상법륜 굴리시고
큰법북을 울리시고 큰법라를 부시면서
큰법비를 널리내려 중생제도 하옵소서
저희들이 귀의하니 깊은음성 설하소서

그때에 대통지승여래께서는 묵묵히 허락
하셨느니라.

서남방과 하방까지도 또한 이와 같았느니라. 그때에 상방의 오백만 억 국토의 모든 대범천왕들도 각각 자기의 궁전에 광명이 비치는 것을 보고 예전에 없었던 일이라 뛸 듯이 기뻐하며 희유하다는 마음을 내어 곧 각기 서로 찾아가서 함께 이 일을 의논하기를 '어떤 인연으로 우리들의 궁전에 이런 광명이 비치는가.' 하였느니라.

이때 그 대중 가운데 한 대범천왕이 있으니 이름이 시기라, 모든 범천 대중을 위하여 게송으로 말하였느니라.

지금무슨 인연으로 저희들의 궁전마다
위덕광명 밝았으니 전에없던 장엄이라

이와같이 묘한모습 듣도보도 못했거늘
대덕께서 나심인가 부처께서 오심인가

그때에 오백만 억 범천왕들은 궁전과 함께 바구니에 여러 가지 하늘 꽃들을 가득 담아 하방으로 함께 나아가서 이 모습을 찾다가, 대통지승여래께서 도량의 보리수 아래 사자좌에 앉아 계시며 여러 천신, 용왕, 건달바, 긴나라, 마후라가, 사람과 사람 아닌 이들에게 공손히 둘러싸여 계신 것을 보았느니라.

그리고 십육 왕자가 부처님께 법륜을 굴려 주시기를 청하는 것을 보고 범천왕들이 머리를 숙여 부처님께 예배하였으며, 백천 번을 돌면서 하늘 꽃을 부처님 위에 흩뿌리니, 그 흩은 꽃이 수미산과 같았느니라.

아울러 부처님의 보리수에도 공양하였느니라. 꽃으로 공양을 하고 각각 궁전을 부처님께 받들어 올리며, '오직 저희들을 불쌍히 여기시어 이익되게 하여 주시고, 바치는 이 궁전을 원하옵건대 받아 주시옵소서.'라고 말하였느니라.

이때 모든 범천왕들이 부처님 앞에서 한결같은 마음과 같은 음성으로 게송을 말하였느니라.

거룩하신 부처님들 세상구원 하시려고
삼계지옥 많은중생 부지런히 건져내고
넓은지혜 갖춘세존 연민으로 중생위해

감로문을 활짝열어 널리일체 제도하네

지난옛날 오랜겁을 부처없이 지냈으니

세존께서 오시기전 시방세계 캄캄하고

삼악도만 점점늘어 아수라만 왕성하며

하늘중생 점차줄어 죽어서는 악도라네

부처님법 듣지못해 착한일은 아니하고

육신의힘 지혜의힘 모두점차 줄어드네

죄업지은 인연으로 즐거움은 사라지고

삿된법에 머물러서 선한법칙 알지못해

부처교화 못받아서 항상악도 떨어지네

세상의눈 부처님이 오랜만에 출현하여

고통받는 모든중생 가련하게 여기시어

최정각을 이루시니 저희들은 경사롭고

다른일체 중생들도 미증유라 찬탄하네

저희들의 모든궁전 광명받아 장엄되어
세존전에 바치오니 오직받아 주옵소서
원하오니 이공덕이 모두에게 돌아가서
저희들과 일체중생 성불하게 하옵소서

그때에 오백만 억 범천왕들이 게송으로 부처님을 찬탄하고 나서 각자 부처님께 말씀드렸느니라. '오직 원하옵건대 세존께서는 법륜을 굴리시어 편안함이 많고 제도 받아 해탈함이 많을 것입니다.'

이때 모든 범천왕들이 게송을 말하였느니라.

세존께서 법륜굴려 감로북을 울리시어
고뇌중생 건지시고 열반의길 보이소서

부디 저희 요청 들어 크고 묘한 음성으로
무량세월 익히신 법 자애롭게 설하소서

그때에 대통지승여래께서 시방의 모든 범천왕들과 십육 왕자의 청을 받으시고 즉시 세 차례 십이행의 법륜을 전하시었느니라. 이는 사문이나 바라문, 천신, 마왕, 범천 그리고 나머지 세간의 누구도 설할 수 없는 것이니라.

이른바 이것은 괴로움이요, 이것은 괴로움의 원인이며, 이것은 괴로움의 소멸이요, 이것은 괴로움이 소멸하는 길이라 하시고 또 십이인연법을 널리 말씀하셨으니, 무명은 행을 반연하고, 행은 식을 반연하고, 식은 명색을 반연하고, 명색은 육입을 반연하고, 육입은 축을 반연하고, 축은 수를 반연하고, 수는 애를 반연하고, 애는 취를 반연하고, 취는 유를 반연하고, 유는 생을 반연하고, 생은 노, 사, 우, 비, 고, 뇌를 반연하느니라. 무명이 멸하면 행이 멸하고, 행이 멸하면 식이 멸하고, 식이 멸하면 명색이 멸하고, 명색이 멸하면 육입이 멸하고, 육입이 멸하면 축이 멸하고, 축이 멸하면 수가 멸하고, 수가 멸하면 애가 멸하고, 애가 멸하면 취가 멸하고, 취가 멸하면 유가 멸하고, 유가 멸하면 생이 멸하고, 생이 멸하면 노, 사, 우, 비, 고, 뇌가 멸하느니라.

부처님께서 천신과 인간 대중에게 이 법을 설하실 때 육백만 억 나유타 사람들이 일체 경계를 받아들이지 아니한 까닭에 모든 번뇌에서 마음의 해탈을 얻었으며, 깊고 묘한 선정과 삼명과 육신통을 얻고 여덟 가지 해탈을 갖추었느니라.

두 번째, 세 번째 그리고 네 번째 법을 설하실 때에도 천만 억 항하사 나유타 중생이 또한 집착하지 아니한 까닭에 모든 번뇌에서 마음의 해탈을 얻었으며, 이후로부터 성문 대중도 한량없고 가이없어서 이루 다 헤아릴 수 없었느니라.

그때에 십육 왕자는 모두 동자로 출가하여

사미가 되었는데, 모두 근기가 영리하고 지혜가 밝았으며, 이미 백천만 억의 부처님께 공양하고 범행을 깨끗이 닦아 아뇩다라삼먁삼보리를 구하려고 함께 부처님께 말씀드렸느니라.

'세존이시여, 이 한량없는 천만 억의 대덕 성문들은 이미 다 법을 성취하였습니다. 세존께서는 또한 저희들을 위하여 마땅히 아뇩다라삼먁삼보리법을 설하여 주시옵소서. 저희들이 듣고 다 함께 닦고 배우겠습니다.

세존이시여, 저희들이 마음으로 바라는 여래의 지견과 마음 깊이 생각하는 바를 부처님께서는 스스로 증득하시어 아실 것입니다.'

그때에 전륜성왕이 거느린 대중 가운데 팔

만 억의 사람들이 십육 왕자가 출가하는 것을 보고 역시 출가하기를 원하므로 왕은 즉시 허락하였느니라.

그때에 저 부처님께서 사미들의 청을 받으시고 이만 겁이 지나서야 사부대중 가운데서 대승경을 설하시니 이름이 묘법연화경이니라. 보살들을 가르치는 법이며 부처님께서 보호하고 아끼는 바이니라. 이 경전을 설하시니 열여섯 사미들은 아뇩다라삼먁삼보리를 위하여 다 함께 받아 지니고 읽고 외우고 통달하였느니라.

이 경전을 설하실 때 열여섯 보살사미들은 모두 다 믿고 받았으며 성문 대중 가운데에도 역시 믿고 이해하는 이가 있었으나 그 나머지 천만 억 종류의 중생은 모두 의혹을 내었느니라.

부처님께서 팔천 겁 동안 이 경전을 쉬거나 그만두지 않으셨고 이 경전을 다 설하시고는 고요한 방에 들어가시어 팔만사천 겁 동안 선정에 머무르셨느니라.

이때 열여섯 보살사미들은 부처님께서 방에 들어 고요히 선정에 드신 것을 알고 각각 법좌에 올라 팔만사천 겁 동안 사부대중을 위하여 묘법연화경을 널리 분별하여 설하였느니라.

한 분 한 분 모두 육백만 억 나유타 항하사 같은 중생을 제도하여 보여주고 가르쳐서 이

롭고 기쁘게 하였으며, 아뇩다라삼먁삼보리
의 마음을 내게 하였느니라.

　대통지승불께서 팔만사천 겁을 지나 삼매
로부터 일어나시어 법좌에 나아가 편안히 앉
으시어 널리 대중에게 말씀하셨느니라.

　'이 열여섯의 보살사미들은 매우 희유하여
근기가 영리하며 지혜가 밝았고, 이미 한량
없는 천만 억의 부처님들께 공양하고 부처님
처소에서 항상 범행을 닦았으며, 부처님의
지혜를 받아 지니고 중생에게 열어 보여주어
그 안에 들어가게 하였느니라. 그대들은 모
두 마땅히 자주 자주 친근하여 공양하여라.'

　왜냐하면 만일 성문이나 벽지불이나 보살

들이 능히 이 열여섯 보살사미들이 설하는 경전의 가르침을 믿고 받아 지니어 훼방하지 않는다면 이 사람은 모두 마땅히 아뇩다라삼먁삼보리와 여래의 지혜를 얻을 수 있기 때문이니라."

부처님께서 비구들에게 말씀하셨습니다.
"이 열여섯 보살들은 항상 이 묘법연화경을 즐겨 설하여, 각각의 보살이 교화한 육백 만 억 나유타 항하사 같은 중생은 세세생생 보살들과 함께하여 그들로부터 법을 듣고 모두 믿고 이해하였느니라. 이런 인연으로 사백만 억 모든 부처님 세존을 만나 뵈었으며, 지금도 다하지 않았느니라.

비구들이여, 내가 이제 그대들에게 말하노라. 저 부처님의 제자인 열여섯 사미들은 지금 모두 아뇩다라삼먁삼보리를 얻고 시방의 국토에서 현재 법을 설하여서, 한량없는 백천만 억 보살과 성문들이 권속이 되었느니라. 그 중 두 사미는 동방에서 성불하였으니, 첫째 이름은 아촉으로 환희국에 계시고 둘째 이름은 수미정이니라. 동남방의 두 부처님은 첫째 이름이 사자음이요, 둘째 이름은 사자상이며, 남방의 두 부처님은 첫째는 허공주이고 둘째는 상멸이며, 서남방의 두 부처님은 첫째는 제상이고 둘째는 범상이며, 서방의 두 부처님은 첫째는 아미타이고 둘째는 도일체세간고뇌이며, 서북방의 두 부처님은 첫째는 다마라발전단향신통이고 둘째는 수미상이며, 북방의 두 부처님은 첫째는 운자재이고 둘째는 운자재왕이며, 동북방의 부처님 이름은 괴일체세간포외이며, 열여섯 번째는 나 석가모니불이니 사바세계에서 아뇩다라삼먁삼보리를 성취하였느니라.

모든 비구들이여, 우리들이 사미로 있을 때에 각각 백천만 억 항하사 같은 중생을 교화하였으니 그들이 우리에게 법을 들은 것은 아뇩다라삼먁삼보리를 위한 것이니라.

이 모든 중생이 지금까지 성문의 경지에 머물러 있는 것을 내가 항상 아뇩다라삼먁삼보리로 교화하였으니 이 사람들도 당연히 이

법으로써 점차 불도에 들어가리라.

왜냐하면 여래의 지혜는 믿기도 어렵고 알기도 어렵기 때문이니라. 그때에 교화한 한량 없는 항하사 같은 중생은 그대들 모든 비구와 내가 열반한 뒤에 미래 세상에 있을 성문 제자들이니라.

내가 열반한 뒤에 다시 어떤 제자가 이 경전을 듣지 못하여 보살이 행하여야 할 바를 알지 못하고 깨닫지 못하면서, 스스로 얻은 공덕으로 열반하였다는 생각을 내어 마땅히 열반에 들게 되었다고 한다면, 내가 다른 나라에서 부처님이 되어 다시 다른 이름을 가지리라.

이 사람이 비록 열반하였다는 생각을 내어 열반에 들더라도 저 국토에서 부처님의 지혜를 구하여 이 경전을 듣게 될 것이니라. 오직 불승으로만 열반을 얻을 것이요, 다시 다른 승은 없느니라. 다만 모든 여래께서 방편으로 설한 법은 제외하느니라.

모든 비구들이여, 만일 여래께서 스스로 열반할 때가 되셨고 대중 또한 청정하여서 믿고 이해함이 견고하여 공한 법을 깨달아 선정에 깊이 들어간 것을 알면, 곧 모든 보살과 성문들을 모아서 이 경전을 설할 것이니라. 세상에서는 이승으로 열반을 얻을 수 없고 오직 일불승이라야 열반을 얻을 수 있느니라.

비구들이여, 마땅히 알라. 여래는 방편으로 중생의 성품에 깊이 들어가서 그들의 마음이 소승법을 좋아하여 오욕에 깊이 탐착한 것을 알고 이들을 위하여 거짓으로 열반을 설하나니, 이 사람이 듣는다면 그대로 믿고 받아들이느니라.

비유하면 오백 유순이나 되는 험난하고 나쁜 길에 인적마저 끊어진 무서운 이 길을 많은 대중이 지나서 진귀한 보물이 있는 곳에 이르고자 하였느니라. 한 인도자가 있었으니 총명한 지혜로 밝게 통달하여 험한 길의 통하고 막힌 곳을 잘 알아서 사람들을 데리고 이 어려운 곳을 지나가려고 하였느니라.

따라가던 사람들이 중도에 게을러져 물러서며 인도자에게 말하기를 '저희들은 몹시 피곤하고 또한 두렵고 무서워서 능히 다시 나아갈 수 없습니다. 가야 할 길이 오히려 멀기만 하니, 지금 되돌아가고 싶습니다.'라고 하였느니라.

인도자는 여러 가지 방편이 많으므로 이런 생각을 하였느니라. '이 사람들은 참으로 불쌍하구나. 어찌하여 크고 진귀한 보물을 버리고 되돌아가려 하는가?' 이런 생각을 하고는 방편력으로 삼백 유순을 지난 험한 길의 중간에 성 하나를 변화하여 만들어 사람들에게 '그대들은 두려워하지 말고 되돌아가지 말아라.

지금 이 큰 성에서 머무르면 마음대로 할 수 있으니, 만일 이 성안에 들어가면 마음이 즐겁고 편안해질 것이요, 만일 능히 앞에 보물이 있는 곳으로 가고자 하면 또한 갈 수 있으리라.'라고 하였느니라.

이때 몹시 피로한 사람들이 마음으로 크게 기뻐하여 일찍이 없던 일이라고 찬탄하며 '우리들은 이제 이 나쁜 길을 벗어나 즐겁고 편안함을 얻었노라.' 하였느니라. 그리하여 사람들은 앞에 있는 변화로 된 성에 들어가서 '이미 제도되었다.'라는 생각을 하고, '편안하다'라는 생각을 하였느니라.

그때에 인도자는 이 많은 사람들이 이미

머물며 휴식을 얻어 다시는 피로함이 없음을 알고 곧 변화로 만든 성을 없애고 사람들에게 '여러분, 어서 갑시다. 보배가 있는 곳이 가까워졌습니다. 조금 전에 있던 큰 성은 내가 머물러 쉬게 하려고 변화로 만든 것입니다.'라고 하였느니라.

모든 비구들이여, 여래도 또한 이와 같아서 지금 그대들을 위하여 대도사가 되었느니라. 모든 생사번뇌의 나쁜 길은 험난하며 길고 멀지만 반드시 지나가야 하고 반드시 건너가야 하느니라.

만일 중생이 다만 일불승만을 듣는다면 부처님을 뵈려고 하지도 않고 가까이 하려고도

하지 않으며 곧 '부처님의 길은 길고 멀어서 오랜 세월을 부지런히 고행해야만 이룰 수 있으리라.'고 생각하느니라.

부처님께서는 이들의 마음이 겁이 많고 나약하며 하열함을 아시고 방편력으로 중도에 머물러 쉬게 하시려고 이승의 열반을 설하셨느니라. 만일 중생이 이승의 경지에 머무르면, 여래께서는 그때에 이렇게 말씀하시길 '그대들은 해야 할 바를 다 하지 못하였느니라. 그대들이 머물고 있는 경지는 부처님의 지혜에 가깝기는 하나 반드시 잘 관찰하고 헤아려야만 하느니라. 그대들이 얻은 열반은 진실이 아니요, 다만 여래께서 방편의 힘으로 일불승을 분별하여 삼승으로 설한 것일

뿐이니라.'고 설하셨느니라.

　마치 저 인도자가 머물러 쉬게 하려고 큰 성을 변화하여 만들었다가 이미 쉬었음을 알고 말하기를 '보물이 있는 곳이 가까우니라. 이 성은 진짜가 아니고 내가 변화로 만든 것이다.'라고 하는 것과 같느니라."

회향 발원문

원하옵나니 이 공덕이
모든 중생들과 더불어 함께 하여서
저희들과 더불어 일체 중생들이
다함께 성불하게 하소서.

나무묘법연화경
나무묘법연화경
나무묘법연화경

법화경 사경을 마치며 다음과 같이 발원합니다.

_____

_____

_____

_____

사경 끝난 날: 년   월   일

발원 제자 _____두손 모음

바른 독송
우리말 법화경 사경 (상)

1판 1쇄 인쇄 | 2024년 7월 15일
1판 1쇄 발행 | 2024년 8월 5일

옮긴이 | 수담 인해

펴낸이 | 이미현
펴낸곳 | 사유수출판사
만든이 | 이미현, 박숙경, 유진희, 권영화

서울시 마포구 동교로 19길 86 제네시스 503
대표전화 | 02-336-8910

등록 | 2007년 3월 4일

정가 12,000원